思维的模式

MODES OF 的 THOUGHT

模式

[英] 阿尔弗雷德·诺思·怀特海 著 姜骞 译

天地出版社 | TIANDI PRESS

图书在版编目（CIP）数据

思维的模式 /（英）阿尔弗雷德·诺思·怀特海著；
姜骞译.—成都：天地出版社，2019.1
ISBN 978-7-5455-4351-3

Ⅰ.①思… Ⅱ.①阿…②姜… Ⅲ.①怀特海
（Whitehead, Alfred North 1861–1947）—哲学思想—文集
Ⅳ.①B561.52–53

中国版本图书馆CIP数据核字（2018）第257578号

思维的模式
SIWEI DE MOSHI

出 品 人	杨　政
著　者	［英］阿尔弗雷德·诺思·怀特海
译　者	姜　骞
责任编辑	陈素然
封面设计	今亮后声
内文排版	刘建楠
责任印制	葛红梅

出版发行	天地出版社
	（成都市槐树街2号　邮政编码：610014）
网　址	http://www.tiandiph.com
	http://www.天地出版社.com
电子邮箱	tiandicbs@vip.163.com
经　销	新华文轩出版传媒股份有限公司

印　刷	天津画中画印刷有限公司
版　次	2019年1月第1版
印　次	2019年1月第1次印刷
成品尺寸	145mm×210mm　1/32
印　张	6
字　数	108千
定　价	32.00元
书　号	ISBN 978-7-5455-4351-3

哲学是好奇的产物。

——怀特海

目　录

前　言

　　这几篇演讲的主旨是，经验的各个要素有多么"清晰明确"，就有多么变动不居，只要这里的"经验"还没有因陷入独断而失去其重要性。必然的事物是不变的，所以它们隐藏在思维的背景里，晦暗不明。正因如此，我们要在语言的预设而非成形的表达中去寻求哲学真理。在这方面，哲学与诗相似，两者都力求表达我们称之为"文明"的终极智慧。

　　本书第一章和第二章的前六讲是我从哈佛退休后不久，在 1937—1938 学年到马萨诸塞州韦尔斯利学院做的讲演。借此机会，我在哈佛做的演讲得以结集出版。这些演讲在之前出版的作品中作过片段式的介绍。第三章题为"自然界与生命"，包括两讲，是四年前在芝加哥大学所作的讲演，已由芝加哥大学出版社在美国出版，英国版由剑桥出版社负责。我原打算把这些讲稿整理成一本专著，但由于种种原因，这个计划没有如期完成。

结语《哲学的目的》修改自一篇简短的讲话稿，原文是1935 年为哈佛大学和拉德克利菲女子学院哲学系毕业生召开的年会所作，曾刊载于《哈佛校友年刊》。

阿尔弗雷德·诺思·怀特海

第一章

创造的冲动

第一讲　重要性

1.谈到哲学方法，头一件事就是开放思想，探究终极概念。这些概念在日常生活中会自然地呈现出来。我这里指的是蕴含于文献、社会组织和理解物质世界过程中的普遍概念。

这些概念没有定义，因为牵涉甚广，难以分析。如果要理解概念中的各类含义，需对每个因素进行同等深度的探讨。在讨论这样一组概念时，只要在语言上做些细微调整，任何一个概念都有可能占据核心地位。在这一讲中，"重要性"是核心概念，而其他话题会围绕其展开。

本系列讲座旨在探究若干人类经验的普遍特征，这些特征是以人类意向性活动为前提。我无意建立哲学体系，这个目标对于这门短期课程来说太宏大了。所有体系化的思想都必须始于前提。同样，如上所述，讨论过程中会不时使用一些更根本的概念，比针对具体问题的概念要深一些。在任何体系化过程中，我们都必须整理、加工、排列对这些素材的语言表述。

所有思想体系都有迂腐之气。他们只是把一大堆概念、经验、命题堆在一起，还有一个冠冕堂皇的借口：它们都是日常生活中不会触及的高深事物。体系很重要，它对于整理、利用和批判遍布于我们经验中的思维来说是有必要的。

但在建构体系之前，如果想要避免一切有限体系固有的狭隘性，我们必须做一项准备工作。当今，即使逻辑学本身也有一个形式证明蕴含的难题：从任何一个有限的前提集出发，必然会引出不能直接从该前提集中推出的概念。但是，哲学是不能遗漏任何一个概念的。因此，哲学永远不能始于体系化，而应从称之为"聚合"（Assemblage）中开始。

当然，这个过程是无止境的。我们能做到的，只是强调少数普遍概念，并注意在这些概念展示中出现的各类其他观点。体系哲学是专家的禁脔；但聚合的过程则超越了专业的逼仄，应引起所有知识界人士的注意。

西方文献中有四位伟大的思想家，他们除了在哲学体系的结构方面对人类文明思想做出了贡献之外，在哲学聚合方面更是取得了巨大的成就。他们是柏拉图、亚里士多德、莱布尼茨和威廉·詹姆斯。

柏拉图把握住了数学体系的重要性，但他的声名鹊起主要源于散落在对话录中的大量深刻洞见。这些洞见掩藏在两千多年前的古奥佶屈之间，常人难以窥见。亚里士多德则聚合与体系两手抓，将继承自柏拉图的思想纳入自身的体系中。

莱布尼茨继承了两千年来的思想，以前无古人后无来者之姿将纷繁的先贤思想传承了下来。他的兴趣广泛，从数学入神学，从神学入政治哲学，又从政治哲学入自然科学。他的兴趣背后是深厚的学养。关于这方面可以写成一本书，书名是《莱布尼茨的智慧》（*The Mind of Leibniz*）。

最后是威廉·詹姆斯，一个真正的、纯粹的现代人。他充分吸收了过去的知识，但他最伟大的地方在于，他对当下的思想有着异乎寻常的敏感。他通过四处旅行、与领袖人物交游、自身的研究洞悉了其所处的时代。他也构建体系，但更重要的是在聚合方面。他的理智生活反对为了体系而忽视经验。凭借直觉，他已经窥见了逻辑学现在面临的巨大难题。

上面的讨论是预备性的，主要涉及哲学的两方面。体系化是对普遍性的一种思辨，采用源于科学的专业细分方法，假定存在一组封闭的基本概念。从另一方面来说，哲学是对广泛而充分的一般性概念的思考。这种心智习惯是文明的精髓。这就是文明。隐居鸫和夜莺能够唱出最动听的声音，但它们不是文明生物，无法形成关乎自身行为和周围世界的足够普遍的概念。毫无疑问，高等动物有概念、希望和恐惧。可是，由于心智功能缺乏普遍性，这些高等动物不具有文明性。它们的爱、奉献和姿态之美值得我们去喜爱与关切。文明远不止如此。但从道德价值角度而言，文明又不及于此。文明生物就是能够透过普遍性观念来考察世界的生物。

2. 一切经验中都不可避免地隐含着两种截然相反的概念，一个是"重要性"（importance），包括它的概念、含义和前提。另一个是"事实性"（matter of fact），这是无法规避的。事实是重要性的基础；重要性之所以重要，正是因为事实性无法规避。我们专注于某事是由于我们感知到其重要性。而在专注的过程中，我们的对象就是事实。有些人头脑很僵硬，只关注事实性这一面，但他们这样做，也是因为这种态度的重要性。这两个概念截然相反，但又相互需要。

意识经验的基本模式，其特点之一是融合了广泛的普遍性和显著的特殊性。人们对经验的特殊性缺乏精确的分析。有一种想法是，要想通过定性概念刻画个体经验，首先要对个体经验进行细节的、具体的分析。这是错的。我们对于某种性质的初始意识基于广泛的普遍性。比方说，要我们回想文明的经验时，一般最先想到的是——"这是重要的""那是困难的""这是令人愉悦的"之类。

这种想法潜藏着特殊性的元素，体现在"这""那"这两个词中；同时，这种思维方式中还有一种大而化之的模糊性，表现出某种形式的激动。激动源于现实世界中缺乏文明这个特殊事实；而模糊性代表了体面人感到的绝望。一旦把这个普遍命题表达出来，那就太显然了，简直不值一提。然而，这种模糊性始终存在，恰好处于意识的边缘。但是，优秀的文学会避免大而化之的哲学普遍概念，而是紧扣势必掩盖普遍性的偶然的精确信息。文学是一种奇妙的结合，既将深刻的分析巧妙地隐藏其中，又在表面上突出朴素的普遍直觉中所具有的基本情绪的重要性。

语言总是回退到普遍性中，这种普遍性介于动物性的本能和习得的精确之间，并总是假借更精准的语言表述落回到哲学普遍性中。这种倒退言之无物，因为表述的是显然的事物。但是，这种回退又是哲学的，因为显然中蕴含着变动不居之细节的永恒的重要性。有教养的人反对模糊地使用本来可以精确的语词。

例如，柯勒律治在《文学传记》（*Biographia Literaria*）中提到，一群游客目睹湍流时惊呼"多美啊！"他反对这样模糊地描绘令人惊叹的奇观。在这个情景中，退化的词语"多美啊！"无疑使整个生动景象黯然失色。然而，语言表述确实面临一个真正的困难。一般来说，语言表达的是有益的特殊性。但是，怎样运用语言来激发重要性所倚赖的普遍性呢？伟大文学作品的一大贡献就是唤起隐含于文字之外的生动情感。

3. 不幸的是，就哲学而言，越学反而越钻牛角尖。尽管在试图把握基本前提——"重要性"和"事实"的区别时，我们必须借助于前人知识，但随着智力的增长，我们往往忽略一项重大原则，那就是要习得新知，必须先让自己摆脱其束缚。我们必须先对主题有一个大致的把握，然后就去打磨它，塑造它。例如约翰·斯图尔特·密尔的心智受到了受教育过程中习得的体系的束缚，后来才享受到经验的甘美。因此，他早期的思维体系是封闭的。我们要有体系，但体系应该是开放的。换言之，我们应当保持对体系局限性的敏感。现有体系之外总是存在着模糊的、等待着我们深入研究的事物。

在现代的西方欧美文明中，隐含在具体事务研究之中的普遍观念大多脱胎于古希腊人、古闪族人、古埃及人。三者都强调周遭世界的事实性一面。但是，他们在重要性一面的重点却各不相同，而我们也承袭了这一点。古希腊人留给我们的多关乎美学和逻辑，闪族人多关乎道德和宗教，而古埃及人则关乎实用。希腊人向我们赠予美的享受，闪族人赠予神的崇拜，而埃及人则留下了实际的观察。

但是，地中海东部的文明遗产有其特殊形态。我们视重要性观念为宇宙中的普遍因素，便是受此约束。现代哲学的首要任务就是跳出古代世界的思维来审视重要性与事实。

事实性就是单纯的存在（mere existence）。但当我们试图把握这一概念时，它又会区分出好几种存在，例如，虚假的存在、真实的存在，不知凡几。因此，存在这个概念还包括存在的环境与存在的类型。任何一种存在都包含了与之相联系但又不在它之内的其他存在。这就是环境的概念，它带来了"多和少"（more and less）和杂多性（multiplicity）的概念。

重要性的概念同样分等级，分类别。这里，我们又回到了"多和少"的概念。有些事一定是重要的。虚无中谈不上重不重要。因此，重要性将我们引回到事实性上。但事实性具有的繁多性使得我们在处理它时只能选择有限的一部分。这就要求"分别彼此"（this rather than that）的概念。心智自由源于选择，而做出选择要求明白事物的相对重要性，这样才能赋予其意义。因此，重要性、选择和心智自由是息息相关的，而三者都与事实性相关。

于是，我们又要谈事实性了。再想一想，在每一个物理维度上，环境都凌驾于我们之上。因此，事实性带有宿命论的色彩。地球不断旋转，人类随着转移；日夜交替，天经地义。第一个提出午夜也有太阳的罗马人是不相信这一点的。他受过良好的教育，很清楚自然界的必然。于是，自然界的必然性就可能被夸大。但无论从哪种意义上而言，这种必然性始终存在。选择这一概念中预设（presuppose）了自由，无论在哪种意义上，自由也始终存在。于是，我们发现了体系化哲学的价值在于，要么提出种种解释，来说明自由与必然可以共存；要么抛弃这两个日常思维中最显然的预设之一。别无他法。

4. 让我们从另一个角度审视事实性和重要性。"单纯的事实性"这一概念进入"单纯的存在"这一思维习惯，目的就是将后者与外部世界运行中的必然性协调起来。这是对于我们自身以及万事万物共同浸没（immerse）的自然运行的一种辨知。它源于这样一种观念：我们将自身视为一种过程，浸没于凌驾我们之上的过程中去。这种对于事实性的理解是思维的一个极端。换句话说，它就是被激动（agitated）之物的激动本身。

这是自然科学的理想，也是坚信客观性至上的人潜在的理想。

重要性这一观念在文艺思想中同样占据主导地位。不妨给它下一个定义，即"包含着导致公开表达的个人的强烈情感"。在此，我们正在涉及下一讲的话题。这个定义是不充分的，因为重要性包含两方面：一方面基于宇宙的统一性，另一方面基于具体事物的个体性。"兴趣"（interest）偏向后者，而"重要性"倾向于前者。从某种意义上而言，兴趣总是在改造表达。因此，为避免读者忘记重要性的后一个方面，我偶尔会用"兴趣"来代替它。但重要性是一个最根本的概念，任何有限数量的其他因素都不能完全彻底地解释它。

作为一种明晰的思想，它与"事实"（fact）概念有着一定的背离。在对事实的分析中，完备的技术方法是不管与兴趣相关的主观判断的。但重要性这个概念正如自然本身：无论你用干草叉如何驱赶，它总会回来。热忱支持科学客观性的人们坚信事实是重要的。实际上，"拥护一种学说"本身就是执念。如果兴趣寥寥，你可能只会注意到这门学说，而不会去拥护它。寻求真理的热情是以兴趣为前提的。同样，持久的观察也以兴趣为前提。因为集中注意力意味着摒弃无关事物，而这种摒弃只能依赖某种意义上的重要性来维系。

因此，重要性（或兴趣）植根于人类的动物性经验的客观存在。重要性退场的时刻，经验也会破碎、虚无。

5. "单纯的事实"（mere fact）这一概念是抽象思维的成就，幼儿和动物不具备这种明确的思想。幼儿和动物关注自身需求，并将这种需求投射到整体环境中。质言之，它们浸没在对外在的兴趣之中，几乎看不到抽象思维的痕迹。孤立存在的事实是神话，任何有限的思维需要神话，因为思维把握不了全体。

之所以说它是神话，原因在于这样的事实并不存在。联系性是类型事物的根本，也是类型的根本。抽去联系性就是忽略事实的一个关键要素。任何一个事实都不仅仅是其本身。卓越的文学艺术就在于它穿透了我们麻木的感官，超越了孤立的神话。

鉴于此，考虑每一桩事实时，底下都预设了一个其存在之所必须的同格环境 (environmental coördination)。这一同格环境是这桩事实视域（perspective）中的整个宇宙。但是，视域内事物的相关性，也就是重要性是渐变的。感觉是将宇宙简约为事实视域的载体。在每一桩事实的结构中，除感觉的等级渐变之外，无限细分的事态会产生无限细分的结果。当我们摒弃感觉（feeling）后，这些结果就是所能言说的全部。但我们对于这些结果的感受不同，因此，我们将其简约为一域。"可以忽略"意味着"对于感觉的某种同格来说可以忽略"。因此，视域是感觉的产物；而感觉也是要分等的，其依据就是感觉的各个细分的相对兴趣程度。

依据此方法，有限的理智就可以去研究有限的事实这一神话。只要我们记住自己在做什么，这种方法便无可指摘。我们预设了一个环境，而我们无法把握这个环境的全体。例如，科学忽视了这个预设，在此意义上总是谬误的。逻辑学是由把前提放在一起开始，而这就有一个预设：各个前提中没有表达出来的预设可以放在一起。无论在科学领域还是逻辑学领域，只要把论证推得够远，或早或晚都会陷入矛盾中，要么是论证内部的矛盾，要么是牵涉外部事实的矛盾。

从欧洲科学史来看，无数能人志士三四千年来连绵不绝的思想，足以揭示任何思想的逻辑进路中的某些矛盾。对于自然科学而言，牛顿理论虽不完善，但屹立三百年不倒。放到当代科学中，则不过三十年而已。欧洲哲学的始祖——当然了，他的思想绝非铁板一块——定下了一条公理：神话的阴影必会遮蔽更深层次的真理。之后的西方思想史无疑充分印证了这个捉摸不定的直观。

值得注意的是，在"错误"这个词的绝对意义上来说，这些逻辑的和科学的神话都说不上错误。它只是没有自觉。神话的真实性受到了预设的限定；随着时间的流逝，我们会发现其中的一些局限性。只讲"正确"和"错误"，这种思维方式太简单化了，是理解力进步的主要障碍之一。

6. 因此，重要性的特征之一是，它是感觉的一方面。借此，我们将一种视域加于感知事物的宇宙之上。当我们自觉地运用这个概念时，便会意识到，自己是根据事物的兴趣来划分它们的重要性的。依据此方式，我们搁置某些事，关注某些事，在无须有意识注意的情况下完成必要的活动。重要性和视域这两个概念密不可分。

我们完全可以诘问，视域理论是否并不是要将重要性简约为"单纯的事实性"而不包含内在的兴趣。当然，这种简约是不可能的。但我们可以这样说，视域是对所感知事物的活生生的重要性进行了死板的事实性抽象。具体的真实是兴趣的变异；抽象是视域中的宇宙；随之而来的科学则是物理定律的图式（scheme），物理定律与隐含的预设共同表达了一般人类严重的视域模式。

重要性是一个属（generic）概念，但它的含义却被其下的多个显著种（species）概念弄得模糊不清。"道德""逻辑""宗教""艺术"这些术语都曾被断言能够囊括重要性的全部含义。它们每个都是一个种概念。但是，属概念的含义远超出任何种概念的有限组合。世界上还存在与道德无关、与逻辑无关、与宗教无关、与艺术无关的宇宙视域。由于此种错误的局限性，呈现融入自然过程这一终极目标的活动会被弱化，只用来维系道德观念、思维规则、神秘情感或美学欣赏。这些专业化术语无一能够穷尽终极统一性。过程的属（generic）的目的是获得重要性，这种重要性可能在那个种概念中达到那个程度的那种情况中存在。

诚然，"重要性"一词在日常用法中已经被极度矮化、琐碎化，成了自命不凡的象征。这对于哲学讨论来说是一个永久的难题；也就是说，哲学讨论中的词语含义总是要超越其日常用法的。但尽管面临这样的难题，哲学必须以日常生活中的预设和理解作为基础。当我们刚接触哲学时，不应该学究气，而应依靠由日常文明社会中产生的朴素观念。

我要用一件小事来说明这一点，它表明有时道德考量可能是不相干的。大约十一年前，我的一位朋友迎来了她的十岁生日。具体年龄不一定准。总之，这位少女现在已经二十岁了，而且我们的友谊日益深厚。她的姑祖母带她去看歌剧《卡门》英语版的日场演出。姑祖母允许她挑选两位同伴。她选择了另一个小女孩和我，我对此很自豪。演出结束后，当我们走出剧院时，她抬起头望着姑祖母说："姑祖母，你认为剧里的人是真正的好人吗？"我和姑祖母推说要找车回家，把话题岔开了。

我想要说的是，欣赏戏剧与道德无关。当然，剧里的走私犯目无王法，卡门更是不拘小节。但是，当他们在舞台上载歌载舞时，道德便让位于美了。

我并不是说道德考量与舞台从来不相干。实际上，道德考量有时会成为戏剧，尤其是现代戏剧的中心主题。音乐、舞蹈、欢快的舞台氛围上场时，道德便随之退至幕后。这是一个让哲学家兴趣倍增，却让审查官困惑不已的事实。

7. 重点在于，道德准则与一个预设相联系，即宇宙是有意义的，是有体系的。当预设不适用时，道德准则便沦为空洞、抽象、无意义的表达。为了规避这个难题，我们把这些词保留了下来，但含义却随着千百年来的社会变迁而流转。同时，翻译中难以避免的缺陷更是推波助澜。译文只有放在翻译者所处的时代背景下才能产生意义。许多哲学观念都是因为一点而腐败的：它们以为某些特定的自然法则和道德规则万世不易。

试想一下，我们把人类的家庭伦理应用到鱼这种每年产出成千上万颗卵的生物上，那会怎样呢？

　　绝不能扩大关于道德规则的这一结论，使其达到否定"道德"一词的任何意义的程度。同样，在一个国家内，行为的合法性概念会使制定完美无缺的法规失去可能性。自动装置决不能取代法律职业。

　　道德在于控制过程，将重要性最大化。它是其内诸多经验领域的目标。经验领域（dimensions of experience）这个概念、各个领域的重要性，还有它最终达到的统一，这些都是很难理解的。

　　但是到目前为止，只要我们能够将其勾勒出来，就能把握道德这个概念。道德总是旨在将和谐、强度和生动性相统一，涉及重要性的完善。编撰法典的行为使我们能够超越自身此时此刻的观念。道德包含了对当时日常情境下合理的判断。对于文明是有益的，它们甚至是至关重要的。但是，夸大它们的作用只会适得其反。

　　以十诫为例。我们真的可以坚信每隔七天——而非六天或八天一次——的安息日是宇宙的终极道德法则吗？我们真的可以认为周日不能做任何的工作吗？我们真的可以认为以日为单位来划分时间是一切存在本质中的绝对因素吗？显然，十诫要通过常识来理解。换言之，它们表达的是在日常情况下——个别特殊情况除外——应当遵循的行为准则。

就作为放之四海而皆准的的道德理想来说，世间没有任何一套行为体系，是属于宇宙的本质特征的。真正放之四海而皆准的是一种精神，它渗透于其适用情况下的一切行为体系。因此，道德并不通过神话式的抽象来指出人们应该做什么。道德关注的是普遍理想，这种理想应该成为任何特定目标的理由和依据。毁灭一个人、一只昆虫、一棵树或帕台农神殿可能是道德的或非道德的。十诫告诉我们，在绝大多数情况下应当避免这样的杀戮。在特例中，我们就会避免使用"杀人"（murder）这个词。无论我们破坏什么，抑或保护什么，只要依据世界历史的具体事例而言，我们捍卫了经验的重要性，那么此行为就是道德的。

8. 思想的巨大进步往往是侥幸犯错的结果，而这些错误则是过分简化的结果。这种进步源于如下事实：这种超越暂时与使用过分简化的概念无关。亚里士多德分析了属概念、种概念和亚种概念，这便是一大例证。他的分析是最绝妙的想法之一，自此厘清了以往的思想。柏拉图关于"区分"（division）的学说是一种模糊而朦胧的预知，可是他却感受到了价值所在。由于缺乏充分的明确性，它的实践意义不大。在明智之士看来，亚里士多德的分析模式是两千年来标志理性进步的根本特征。

当然，柏拉图是对的，而亚里士多德是错的。各个种属之间没有清晰的区分，任何地方都没有清晰的区分。也就是说，当你把视野放到预设以外时，清晰的区分便不见了。但是，我们却恰恰总是在有限的范围内思考。

在实践层面看，亚里士多德是对的，而柏拉图是糊涂的。但是，无论是亚里士多德还是柏拉图，他们都没有充分考虑到一点，即必须对那种每个时代思想中都流行的重要性感觉的特征进行研究。一切分类法都依据于当时流行的重要性。

我们身负三四千年的人类文明史。除了对之前的两三代人，希腊人几乎对历史一无所知。埃及人和犹太人则盲目崇尚悠久的历史。如果希腊人知晓历史，他们会批判历史；如果不是崇拜历史，犹太人会批判历史；如果埃及人不是将自身囿于"纯粹的历史"中，他们也会批判历史。埃及人未能概括他们的几何学知识，因此他们丧失了成为现代文明奠基者的机会。过度依赖常识有其弊端。希腊人凭借着他们的空想，一直处于如孩童般天真的状态中，这是现代世界的一大幸事。对于错误的恐慌会扼杀进步；而对于真理的热爱则是进步的保障。

9. 出于这些原因，直到最近四个世纪，历史思辨才走上舞台。当然，这不是突然开始的。在古老的文学作品中总能找到思辨的影子。然而，现代思想对于历史的关注也是非常值得注意的，这是一个不争的事实。历史思辨历经了多个阶段。

第一个阶段强调记载的确切性。主要问题是"这篇对话真的是柏拉图写的吗？”“君士坦丁献土是真实的吗？”一类。这是订正阶段，当这个订正阶段注重细节时，其便进入了“校勘”阶段。“这份《埃涅伊特》的手稿是维吉尔写的真本吗？”这是一个非常明确的问题。但是荷马与《伊利亚特》的关联就模糊不清了。也许荷马和其他吟游诗人连字都不会写。即使会写，他们也不太可能写下《伊利亚特》。莎草纸很稀有，而且与其相比，用脑子把词记下来倒容易得多。因此，史诗一代代口耳相传，中间不免有些改动。后来，人们才用文本把史诗固定下来。一切社会交流都面临着这样的模糊性。因此，“准确记录”这个概念是有局限性的。

历史现在进入另一阶段，正展现着行为的转变。西方历史学家正在描绘各类活动类型、情绪类型和经过系统阐述的信念类型。这些类型体现于欧洲种族的冒险活动中，他们先是跨越欧洲，然后进入美洲以及各大洲和岛屿的边缘。这种重点的变化在18世纪尤为明显。

例如，1742年，本特利去世，他是一位典型的博学批判家；1737年，吉本出生，他追溯了一种政权体系的衰落，并研究了这种体系内在动机的变体。吉本没有校勘过著作物的版本，本特利也没有描绘过任何行为的转变。在欧洲，1707年去世的马比伦和1694年出生的伏尔泰标志着这种变化。当然，各个历史阶段会有重合，我讲的只是核心旨趣。在更早的时期，即使是散漫的人文主义者伊拉斯谟也发表过校勘本。而在 19 世纪，人们更追求历史叙述而非版本精确。当然，这些变化都是有原因的，而且各种历史研究类型是共存的。

在自然科学的影响下，历史目前的任务更多局限于单纯叙述连续事件。这种智识理想是事实性的胜利。人们公开承认，历史因果仅限于物质力量，例如经济动机。

这样的历史把自己局限于抽象的神话之中，排除了动机的多样性。如若不去估量和判断宗教信仰的动力，你便无法写就宗教的发展史。天主教会的发展史不仅仅是一连串发生的事件，更暗示了一种源于思维方式的因果关系模式。

因此，仅仅将历史作为前后相续的事件的研究慢慢失去了活力，成为一种人为的信念。事实浩瀚如海。我们在各个时代占主导地位的重要性的特殊形式中寻求同格的线索。除却了这种内化于每个时期的兴趣，就不会有语言，不会有艺术，不会有英雄主义，也不会有奉献精神。理想虽存在于事实性之外，却使其发展得多姿多彩。

10. 事实性是一种抽象，将思想限制于纯粹的形式关系，并将它称为终极的现实。这就是为什么科学推到极致，便退化为微分方程。具象的世界从科学的网格中悄然溜走。

以"测度"这个科学概念为例。我们能够通过衡量欧洲的独裁者、内阁总理、报刊编辑来阐明欧洲的混乱局面吗？虽然能够获取一些有意义的信息，但这个想法依然是荒谬的。我并不主张科学无用论，那是愚蠢的。比方说，我之前提过，每天量体温就是有好处的。我的意思是，这类信息并不完全。

社会体系都有多种兴趣模式，有些模式处于主导地位，有些处于次要地位。18 世纪不仅仅是理性的时代，16 世纪也不仅仅是宗教狂热的时代。例如，如果不参照美国、印度和土耳其的情况，不参照民族主义的兴起以及印刷术的普及，孤立地研究宗教改革的混乱局面是可笑的。这些因素的关联性在于改造了当下主流的重要性模式，这种模式与宗教兴趣相互交织。

由于宗教和道德的盛衰无常，人们把两者抛在一边，转而推崇稳定可靠的科学。不幸的是，由于这种自鸣得意，人们将宇宙视作平凡事物的体现，这必然对美学、宗教和道德观念产生影响。这些观念是既破坏又促进文明的力量，促使人类起起伏伏。当其活力消退时，一种慢性的衰退便随之而来。新的理想接踵而至，为社会行为注入新的活力。

注重事实性意味着将"荒漠美德"（desert）放在首位。果真如此，便要有避世隔绝的品性，这种品质避而不强调本质联系，诸如探究宇宙对个体经验的影响。

第二讲　表达

1.这一讲主要关注"表达"这个概念所涉及的各类观念。"重要性"这个更为广泛的概念是以表达为预设的。先要在环境里传播开来，然后才能带来变化。但这两个概念是有区别的。就整个宇宙而言，重要性主要是一元的。重要性，如果局限于有限的个体情境，便不再重要了。从某种意义上，重要性是于有限中推导出无限的内涵。

但表达是依据有限情境的，是有限性印记于环境之上的活动。因此，表达源于有限性，于众多超越其自身的同类者之中代表着有限性的内涵。这两者，即重要性和表达，共同印证了宇宙的一元性与多元性。重要性是从作为一的世界进入作为多的世界；而表达则是由作为多的世界来丰富作为一的世界。

选择从属于表达。有限事物的态势制约着环境。行动主体形成了自身独特的视域，这种视域是植根于周围世界的。自然法则是宏大的，均一的，是世界的非人格化的统辖。然而，表达与均一无关。表达在本质上是个体化的。若是均一占了上风，表达就会黯然失色。

　　所谓表达，就是表达者将原有的经验在环境中传播开来。这不一定需要有意识的决心，只需要传播的冲动。这种冲动是动物本性中最单纯的特征之一，是我们对外部世界之预设的最根本证明。

　　实际上，外部世界与我们的本性如此紧密地相交错，以至于我们会无意识地将对于世界的种种视域与个体存在（individual existence）同一起来。例如，身体处在个体存在之外，但身体也是存在的一部分。我们将个体存在视作与肉体生命如此紧密交织在一起，以至于人就是身体与心灵的复合统一体。但是，身体是外部世界的一部分，与之共同持存。实际上，正如任何其他事物（一条河、一座山、一朵云）一样，身体是自然界的一部分。而且，若是过分吹毛求疵，我们就不能确定身体与外部世界的分界在哪里。

　　试分析一颗微粒。它是自然的一部分，随意地漂浮了上百万年，或许始于一片遥远星云。这颗微粒进入身体内，它可能是作为蔬果摄入，也可能是作为空气吸入。在哪一瞬间它进入口腔或者通过皮肤被吸收呢？它是身体的一部分吗？之后，在哪一瞬间它不再是身体的一部分？这类问题是做不到精确的，只能通过无关宏旨的惯例来规定而已。

因此，我们就得出了身体的定义：世界是作为人类表达的原始场（primary field），人体是世界的一片区域。

举一个例子。愤怒会导致身体兴奋，并以相应的语言或其他暴力方式公开表达。具体研究要由生理学家去做，探究因此而引发的各种特殊的身体机能。哲学家不应当侵犯专门研究。他们的职责是指出可供研究的领域。多个世纪以来，一些领域尚未得到开拓，要么是因为缺乏卓有成效的开端，要么是因为从来没有人对这些领域感兴趣。

目前，我们已经对动物的身体即高等动物的身体，进行了定义，并指出所需的研究种类。当然，虽然人类已经从事这项工作几千年了，但是对其所具有的全部意义仍然达不到充分的理解。哲学的任务是引发这种意识，并将各方面专业研究的结果协调起来。

到目前为止，我们一直探究的是拥有感觉和表达的显性中枢的动物身体。现在，我们可以将包括动植物在内的所有生物的机体都包含进来，进而将这个概念拓展为：

只要自然界里的某个区域本身是一个原始场，它的各个部分都在向外发出自己的表达，那么这个区域就是有生命的。

在这个定义中，"各个部分都在向外发出自己的表达"替代了之前使用的"人类表达"。这个新定义比第一个范围更广，超出了人类和高等动物的限制。另外，值得注意的是，这些定义否定了极端行为主义。在这类行为主义理论中，我们必须摒弃"重要性"和"表达"，这两者是永远不能在理智指导下运用的。前后一贯的行为主义者感觉不到反驳我的陈述的重要性。他只能去消极地"行为"。

高等动物的身体具有两个方面，而到目前为止，我们只提及了一方面。第二个更广泛的定义使我们得以区分植物和动物。与其他区别一样，我们不能要求这种区别完全准确。对动物而言，存在一种通过身体来进行自我表达的经验。但这绝非全部。

另一半是这样的：身体是由各种经验中枢构成的，这些中枢将表达加之于彼此。在这里，我们把感受（feeling），或者叫摄入（prehension）定义为是对表达的接受。因此，动物身体是由互相表达和感受的实体构成的。表达是弥散在环境中的感受材料；而一个生命体可以直接地调节经验的两方面（即表达和感受）。由于这种组织结构，各种各样的感受经过调节后最终在实体中产生了，这个实体就是作为单一的体验主体的单一的动物。

因此，这个单一的动物及其身体各部分可被视为自身的感受中枢，在一定意义上处于同等水平。也就是说，身体的各部分都是能够相互表达自身的感受中枢，并主要通过这种相互表达获取自身感受的。

从另一种意义上而言，相对于其他的身体中枢，动物整体这一感受中枢处在一个更高的层面上。各个次级中枢是专门化的，只摄入特定的情绪感受，而对于其他类型无动于衷。机体整体内存在一种复杂的协调系统，包含大量多样的情绪类型。身体组织是这样的：作为具有感觉力的感受统一体，动物整体从身体活动中摄入复杂多样的体验。因此，相较于身体其他中枢的相应材料，动物中枢的综合感受材料处在一个更高的层面。

就植物而言，我们发现它的机体组织明显缺乏一种较复杂的经验中枢，不管是外来的表达，还是先天的材料。植物的各个部分是独立的、平等的；而动物是由一个或多个经验中枢控制的。但是，这种控制形式是受限的，而且相当严格。控制中枢的表达与中枢从机体接受的材料是相关的。

因此，动物的身体中，一种或多种表达活动会占据控制地位。如果这种活动与身体其他部分分割开来，整个机体的协调同一就会崩塌瓦解，动物就会死亡。然而，植物的各部分本就是独立平等的，其可以承受分解，在机能没有大幅受损的情况下容易存活下来。

很明显，上面的陈述过于简单化了。首先，动物和植物并非截然不同。植物中存在中央控制，而动物中也存在独立平等的元素。例如，动物身体的一些部分在与身体割裂之后也能保持生命活动，但其生存能力和能量多样性会衰竭。然而，植物就可以承受这种衰竭，这就在于它各部分的平等和独立。因此，我们将各类眼花缭乱的身体结构称作"生物"，而普通植物和高等动物代表了其中的两个极端。

此外，我们没有谈及动植物共有的功能分化。通过一般的观察，即可区分植物的根、茎、叶、花和种子。植物学家通过细致的观察，在这些显而易见的分化之外，又发现了上百种其他的活动，从而完整地揭示了植物的生理机能。

当我们转而探究动物身体时，需要限定"控制经验的唯一主导因素"这个概念。许多次级载体能够基本控制身体机能，心脏就是其中之一。与脚部相比，心脏活动是身体存活的必备条件。脚要是断了，动物机能会受到轻微损害；但心脏就重要得多。因此，最高等动物的身体就类似于由一位君主统治的封建社会。

动物最根本上是由智能（intelligence）统合在一起的。此外，智能的统一体也是对新情况做出必要反应的器官。最后一点，这位君主平常会把琐事交给各位大臣，比如心脏。动物生命能够运用常规手段应对常规的新情况。但是，这些常规手段不足以应对突如其来的重大新变化。

高等动物的身体有些类似于昆虫（如蚂蚁）的复杂群体。但是，相较于种群而言，个体昆虫似乎具有更强大的适应能力。动物界与之相反。例如，相较于其体内活动的心脏而言，一条聪明的狗更能够适应新的生活模式。这条狗能够接受训练，但它的心脏却必须在极其有限的范围内自行其事。

2. 谈到人类，自然界似乎突破了另一条界限。接受和表达的中枢活动在多样功能的重要性方面迎来了一个彻底的改变。人类心理世界的一个主要因素，就是用概念去把握非现实的可能性。通过这种方式，令人惊异的新事物产生了，它们有时受到美化，有时受到诅咒，而有时受到专利或版权保护。人类的定义是一个通过与新事物的联系来发展其中枢活动的动物的属。这种关系包含两方面：一、新事物来自于身体表达的总体多样性；二、新事物需要决断，从而简约为连贯的表达。

此外，把握未表达的可能性也是引入新感受的一种方式。这个方面就是人类概念性体验的扩增。这种概念性感觉的特征是感知可能会存在的和可能已经存在的事物。这种感知是一种取舍，在其发展的最高阶段便是接受一种理想。正如前一讲讨论的，这种感知强调重要性，在各类种概念中都有所展现。例如，道德感、宗教神秘感、微妙的协调感即美、认为事物联系出于必然的感觉即理解（understanding），以及区分各个要素的感觉即意识（consciousness）。

同时，感受（feeling）的本质是进入表达。因此，从各类感受表达中产生了区别于动物行为叙述的人类历史。历史是记载人类特有感受的表达。

但是，动物与人类不是截然分开的，而是存在一个过渡阶段。在动物身上，我们能够观察到的情绪感受主要源于身体机能，但也掺杂着目的、希望和源于概念机能的表达。人类似乎仍旧主要依赖身体机能。但是，一个人类的生命通过未实现的理想来塑造目标并指导行为，以实现其价值和重要性。在某种意义上，人类和动物只有程度上的差别，但这不代表差别就微不足道。正如凯撒跨越卢比孔河一样，开辟另一番天地。

因此，在自然界里，我们发现了四种现实事物的集合体。最初级的是非生命集合体，其相互影响主要体现为形式科学（如数学）。均一性占据着无机界，各部分缺乏个体性表达。即使迸发了选择的火花，也是分散而无效的。均一的各个部分只有均一的表达，无机结构就是这样得以存续的。均一永远存在，扼杀着个体性。

植物的各个部分会发挥有目的的影响，但它们是平等而独立的。有机体的首要目的是让它的协调的个体表现力存活下来。这种表现力具有极大的均一性。但是机体组织的错杂性控制着这种均一性，将协调有机的个体性加入无机的客观均一形式中。无生命物质中隐藏的潜能在植物中被唤醒，并得到了部分实现。但在每一个植物中，整体身体机能都严格地限制着各部分的个体性表达。

　　动物包含至少一种现实性的中枢，由复杂的身体机能支撑，展现出超越了（不管有多么微弱）单纯的生存目的。对于动物而言，重要性概念（它分化出了多种不同的机能）具有真实的关联性。人类将动物这一概念大大推进，从而带来了新的机能，它对重要性的繁多化是极其重要的。于是，道德和宗教应运而生，成为人类的两大推动力，促进人类追求普遍的至善。在高等动物中能发现道德，但没有宗教。道德强调具体情景，但宗教强调宇宙内在的、理想的统一。

　　从无机物到人体的每一个等级的群体中，表达都是必要的。由于均一的表达和接受，自然法则才能够统辖单纯物质体的均一行为，从而达到一致。正是由于个体性表达和接受的存在，人体才能展现独属于人类的活动，表达内心感受（有情感，有目的）。

　　3. 人类的身体活动多种多样，而且极具选择性。一个生气的人，除非此情绪淹没了其他的感受，否则不会轻易向整个宇宙挥舞他的拳头。他是有选择的，比如说把一个邻居打倒在地。然而，一块岩石只能依据引力定律同等地吸引着其他一切物体。

　　自然科学齐一万物，因此单靠它不能解释动物的行为。确实，岩石会落在一块特定的土地上。这是因为周边的宇宙实现了某个微分方程的解。而人的拳头却是受了一种情绪的引导，这种情绪的目标是宇宙中的一个新特征，即对手的失败。在岩石的例子中，普遍规律起到了支配作用。而在那个人的例子中，要从满足个人欲望的程度中来解释。满足要受到形式的限制，但是这种限制的强度是与行为超越这些限制的程度相匹配的，个体表达由此而来。

第一个体现高等动物选择性的例子便是意识。意识产生于与生理机能活动相协调的表达。有一种毫无根据的说法：我们有意识地观察着支配周围环境的自然活动。但是，实情恰恰相反。动物意识一般不会辨别其对复杂的身体机能的依赖。这种辨别往往是病态的表现。当我们开始观察内脏机能时，身体肯定是出问题了。我们理所当然地以为，自己的身体是无限复杂的。

认识论的第一条原则：意识的主要观察对象是我们与自然界的关系中那些可变的、易变的方面。这是常识，我们需要在它的基础上深化。有机物之所以能够长久延续是因为自身的动能：心脏跳动，肺部呼吸，血液循环，胃部消化。关注这些基本机能需要很高级的思维。

高级动物进化出了与自然界的表性（superficial）关系，例如视觉、听觉、嗅觉和味觉。同时，动物发展得越高级，这种关系的可变化程度就越大。例如，我们只需闭上眼睛，视觉体验就会消失。我们遮住耳朵，就不会听到声音了。

作为精密科学基础的经验是完全表性的。即使缺失了感官的辅助，盲人和聋人也能够成就人类生命最伟大的事业。公路上的交通信号灯对于现代目标的实现是有益的。然而，即便没有机动车和信号灯，伟大文明依然存在。

虽然这些感觉经验之中的任何一种对于机体的存在都并非必不可少，但其整体对于动物生命高等形式的发展更是不可或缺的。人类和具有类似能力的动物之间的差别在于引入新事物的能力。这需要概念能力去想象，需要实践能力去产生效用。感觉经验是便于驾驭的，这个事实体现了其作用。

动物进化出了与自然界联系的表性方面，把它摆到了突出地位，因此掌控了世界，使其易于驾驭。作为机体中枢，人类心灵主要关注人类存在中的微妙之处，而不会轻易深入考虑基本身体机能的活动。心灵不会关注人体对蔬果的消化，而会抓住洒落在树叶上的光影。心灵滋养着诗歌。人类是宇宙的孩子，怀有懵懂的进取心和非理性的希望。一棵树固守其生存的单纯目标，牡蛎虽略有差别，但在这一点上也是别无二致。通过这种方法，生命进而成为人类，其目标从生存进而成为多姿多彩的价值体验。

哲学的隐患在于只关注这些易驾驭的关系，而忽略了自然界的内在必然。因此，思想家拒绝处理我们内心的模糊经验，而更愿意只处理明确的感觉，而且强加了一种神话：真实是隐而不显的。我现在认为，人类的全部经验构成中包含了我们与其他事物的当下关系以及未来事物的新的关系。现在继承了过去，建构了未来。但是，持久性和必然的稳定是分等级的。

一种思想已经流传了无数个世代，它试图将终极真理解释为对感觉印象的单纯认识。这种思想派别可追溯至伊壁鸠鲁，柏拉图的有些词句也有类似的倾向。我认为，这样来看待哲学知识的基础，就好比凭借交通信号灯来理解现代社会。这些信号灯是车辆行驶的调度手段，但并不是车辆流动起来的原因。常识足够大家看明白了，无须我赘述。

19 世纪流行的认识论否认的正是这种最明白不过的洞见。这种洞见虽然在细节上不免模糊，然而是一切理性的基础。兴趣和重要性是精确区分感受材料的主要原因。交通信号灯是交通的产物。

重要性产生兴趣，兴趣导致区分。通过这种方式，兴趣被提了起来；这两个因素（兴趣和区分）相互激励。最终，意识得到渐进、间歇式的发展，然后去激发新的兴趣。

4. 在这一讲中，主题是表达。于是，我们现在要举一个例子来说明，人类是怎样把与世界的简单联系建构为表达的手段。这个例子就是语言。它是人类的独创性胜利，甚至超越了现代科技的复杂程度。语言讲述了延绵数万年的广泛智慧。在视力和听力两者中，听力较先在语言中发展起来，这一点很有意思。手势语言可能存在过，也有一些朦胧的证据。但是，手势语言有一个大弱点：人们使用它时，其他很多事就办不了了。但当我们发出声音时，四肢是可以自由活动的，这是声音的优势。

但是，我们不自觉地依赖声音进行表达还有更深层的原因。手和臂并非人体必备的部分，没有它们我们也能存活。手和臂与身体的存在并不休戚相关。然而，发出声音时要用到肺部和喉咙。因此，讲话时，当表性的易驾驭的表达传播开来时，也激发了其机能的内在模糊感。因此，发声是有机体存在的深层经验的自然标志。

这种真实感对于表征（symbolism）的有效性至关重要。个人访谈要比留声机录音更有分量。如果五十部留声机和几千张录音唱片能够取代大学的教员，那是一件多么节约的事情呀！实际上，我们或许会以为，印刷书籍会在 16 世纪取代大学。但恰恰相反，16 世纪和 17 世纪是高等教育机构最蓬勃发展的时期。真实感永远不会仅仅依靠感受材料（无论是听觉或视觉材料）而得到充分延续。存在的联系性是理解的本质。

语言具备两大功能：与他人交谈和与自己交谈。后者经常被忽略，因此我们先来谈它。语言是一个人从过去到现在的表达，是感受材料在当下的再现，这种材料与过去的真实紧密相连。因此，借由明确的感受材料，过去的经验在当下被清晰呈现。依照此种方式，语言赋予了我们一份能够清晰表达的记忆，是过去的自己对现在的自己的一种表达。

其次，借由一种共同语言，通过接收说话者的连贯句子，听者过去的蕴含于词语中的碎片化体验能够重组成一个崭新的想象体验。因此，在语言的两大功能中，即时的想象体验都能够获得极大的丰富，附有一种现实感，或者说可能的现实感。

当我们考察语言的内容，也就是语言所表征的经验时也应当注意到，它与对感受材料的抽象是截然不同的。语言的意义预设现实事件之间存在具体关系并互为因果。大部分句子，特别是记录较简单经验的句子中，都有一种笛卡尔在《形而上学的沉思》中所说的"客观实在"（Realitas Objectiva）。

例如，细想一下本讲开头提到的日常例子：一个人发火了，把邻居打倒在地。我们每个人对于这个场景都会勾勒出一幅形象化的图景想象。但是，我们思维的本质不是想象感受材料的不断变化。一个事件能够以千百种方式形成感觉模式：既可在白天，也可在夜晚；既可在大街上，也可在家里。人们对胜利和失败的感受千差万别，说不上哪一个就是正确的。然而，这些模糊感受材料纵然模糊，其所蕴含的事件的持续变化过程是确定的，愤怒之人的拳头完全扰乱了被打者稳定的身体机能。确定下来的不是感受材料的不断变化，而是作为愤怒之人表达结果的身体倒地。

愤怒无疑也会影响这个人自己的身体机能。通过显微镜进行细致的生理学检查，观察者能获得许多视觉感受材料。我们再一次回想一下由"把别人打倒的人"这个观念产生的多种感觉图像。是什么将这些图像捆绑在一起的呢？图像本身不过是视觉材料的组成部分。这些材料之所以能够成为一个整体，就在于它们被统合在了一个现实世界中的过程里。

从这里的例子里能够看出，由同一行为产生的不同感觉经验是具有统一性的，即存在于个别行为中的统一性。我们可以通过各种语言，也可以依赖视觉和听觉等感受材料的不同转化来进行描述和解释，但是这些方式都指的是同一行为。这个行为也可能不是纯物理性的。英雄主义、勇气、爱恨情仇，它们都可能是过往事物的特征。

语言的本质在于，它利用了经验中那些最容易从意识中抽象出来、最容易在经验中再现的因素。经过人类的长期使用，这些因素与其含义产生联结，包含了大量各种人类经验。每种语言都传承着一种历史传统。每种语言都是其社会体系的文明式表达。语言是表达的系统化。

在所有表达思维的方式中，语言无疑是最重要的。人们甚至会认为，语言即是思维，思维即是语言。因此，一个句子就是一种思维。有许多学术著作都预设了这一理论，更有不少学术著作直接去阐发它。

如果采纳了语言的这种极端理论，那么就很难理解不同语言之间的翻译和同种语言中不同句子的转述何以可能。如果一个句子就是一种思维，那么另一句话就是另一种思维。诚然，没有翻译是完美的。但是，如果没有任何一个词、音节、语序是相通的，又如何实现这种不完美的翻译呢？如果求助于语法，那么你就依赖于词语、音节、语序背后潜藏的意义。有的时候，想找到恰当表达自身观念的词汇很难。如果词语和词序都内在于观念，那又怎么会觉得费力呢？那样的话，费力的就会是把握观念了；但是，我们都能意识到，找不到合适语言的词汇是存在的。

那么，姑且承认语言不是思维的本质。但这个结论必须加上谨慎的限定。如果没有语言，思维的留存、调用、与其他思维交织形成更高级的复杂体、思维之间的交流都会受到极大限制。人类文明是语言的自然结果，而语言又是文明进步的产物。语言使思维的自由成为可能：我们因此从心情和环境的即时性束缚中摆脱出来。毫不意外，作为我们西方自由概念的鼻祖，雅典人乐于运用一门具有细致变化的发达语言。

否认语言是思维的本质，并不意味着思维可以和那些与语言相协调的活动割裂开来。这些活动不妨称为思维的表达。当这些活动满足一定条件时，它们就被称为语言。这几讲的整体主题是讨论思维与其表达活动之间互为依存的关系。

这些活动，无论是情感上的，还是身体上的，都比思维要古老。当思维尚处在萌芽期时，这些活动就已经为我们的祖先所有。思维是自身并发（concurrent）活动的产物；因此，一经产生，它就会调整和适应这些活动。脱离所有表达的单纯思维是学者虚构出来的一种理论。在他们看来，一种思维就是一种激发模式。它如一块被扔进池塘的石头，会激起存在的涟漪。但这个比喻是不恰当的。因为我们应该认为，涟漪在激发投石入水这个行为上也起到了作用。涟漪释放了思维，而思维使涟漪增强和转化。为了理解思维的本质，我们必须探究思维与产生思维的涟漪之间的关系。

5. 然而，除却这些对于思维的起源及影响的细节，按照我们日常的理解，语言就是思维的惯性产物和惯性呈现。为了理解思维方式，我们必须竭力回顾产生"语言的文明"的心理机制——或者反过来讲，"文明的语言"。

需要注意的第一点是，我们现在会使用两种形式的语言，一种基于听觉，一种基于视力。我们既有口语，也有书面语。书面语的历史要短一些。即便我们承认原始图画中就有书面语的微弱先兆，其历史也不过一万年。书面语作为一种具有广泛影响的有效思维工具，至多只有五六千年的历史。

　　作为人类经验中的一个因素，书面语堪与蒸汽机相比。书面语是一项重要的、晚近的人类发明。口语则与人类自身的历史一样长，是构建人性的最基本因素之一。但是，我们不可将其夸大。在某些特殊情况下，如果禁止用口语表达，我们也可能通过其他方式充分发挥人类的经验能力。但是，作为一种普遍的社会习得，口语已是人类成长的一个首要创造性因素。口语即是人性本身，它没有任何书面语的人造性质。

　　最终，我们在日常经验中都是口语、书面语混用的，以至于当我们讨论语言时，很难知晓我们指的是口语、书面语抑或是两者的结合。但是，两者最终的融合是非常晚近的事情。大约五百年前，只有少数人能够阅读——至少在欧洲是这样。这也是宗教使用符号、旅馆商店使用招牌的一个主要原因。显赫贵族的徽章是书面语的替代物。书面语对于语言心理学的影响是文明史中受到忽视的一章。

　　初始阶段的口语在动物和人类行为中都能看到，其功能在表达情感和发送信号之间变化。在这个过程中，口语很快变成两者的结合体。在语言精确化、复杂化的过程中，口语保留了这三类特征，即情感表达、信号发送和两者的结合。然而，不知为什么，在先进文明的语言中，这些特征似乎会逐渐消失，有些特征已经失去了主导地位。我们只有留意语言功能中的这个细微变化，才能够理解近三千年文明中的思维模式。语言的预设是多种多样的。

语言主要伴随即时情景（immediate situation）而出现。不论是信号或表达，最主要的都在于，语言在"这种"环境下对"那种"情况的"这种"反应。在语言的初期，这种即时性是所传达意义的一个突出因素。例如，"鸟"这个属概念潜藏在背景中，人们对它没有认识；虽然人们对某些情形下的某些鸟是有模糊感知的。语言主要传达的是引向对此地、此刻、此境、此鸟的关注。

语言已经逐渐抽象化了，不再依赖于特定环境的预设。一本法语字典在某个日期在巴黎出版，这个事实与字典中所解释的字词含义毫无关联。法语中与英文单词"绿色"相对等的词，不管是在欧洲的哪个国家，还是在太阳系的哪颗行星上，它表达的都是绿色这种颜色。绿色就是绿色，别无他意。你一旦理解了这个词的意思，就没什么好多说的了。

当然，相对于只能将绿色与某个春天的清晨联系起来的祖先，我们的文明程度远胜之。毫无疑问，我们的思维能力、分析能力、记忆能力和推测能力都在不断提高。虽然生于能够撇开春天来谈论绿色的人当中，我们也不能凭借这一事实而沾沾自喜。

我们必须谨记：凡事不能走极端。

　　只要语言主要是口语，那么就必须参照环境的特殊性。试分析"温暖的一天"这个简单的短语。在书中，依据字典解释，这个词有一些宏大的意义，涉及地球自传、太阳、温度理论等。现在抛开字典，忘记这些科学的细枝末节。那么，从我们所学的知识中抽离出来，一个得克萨斯州人说了这句话，一个家住北海之滨的英国人也说了这句话，背后的经验显然是不同的。然而，意义的同一性仍旧存在。凡事不能走极端。

　　我们要这样理解，语言不仅传达了以知识为基础的同一性，同时又预设了作为存在本质的环境参照所具有的特殊性。口语在于社交的即时性（immediacy）。书面语隐于卷中，脱离了持存的环境，在不同的时间和地点等待着被翻开，被阅读。但是，我们可以大声朗读一本书。在此，我们发现了一个写与说融合的例子。朗读是一种艺术，朗读者不同，差别可能会很大。那么，环境的即时性就会融入写作的抽象性中。

　　在语言发展过程中内在的抽象化不无危险性，它使我们脱离当下世界的现实。如果没有一个合理的重点，聪明人的抽象化就会沉浸在无聊琐事之中。然而，即便有诸多危险性，文明发展终究还是依赖于这种抽象化。抽象化给予表达以概念性经验，由于与一般性事实的高度一致性，这类经验是没有直接表现出来的，但它们仍潜藏于自然界。在人类中，这些概念性经验是相互协调的，并通过环境表达自身。这种协调包含两方面，美学的和逻辑的。下一讲就会来谈这两方面。

　　总之，需要总结一下这个下午我所讲的内容了。这一讲主要是对古老文明思想的一种现代呈现，这些思想以这个地球上生命的视域反思了宇宙的进程。在将现代思维与古代文献相比较时，我们需要谨记翻译的困难，以及日常言辞表达思想意涵时的麻烦。例如，如果我们坚持用英文词"wood"（树木）来翻译亚里士多德形而上学理论中的一个关键词，并坚持给予其最真实准确的意义，那么我们对亚氏理论的认识会有多么大的不同啊。有证据表明，三千年前就存在深刻的思想家，但那个时代琐细的表现形式束缚了他们的想象力。

　　尽管缺乏想象力的学究将这些记录进行了编辑和修订，我们仍能够从地球上生命的视域出发，从中认识到宇宙演化的概念。我们能够认识到事物的等级，从无机物到植物，从动物到人类。

　　人类在命名事物时那些天真的、充满孩子气的描述，让我们认识到了语言与人类经验增长之间的相互交织。实际上，古代文献都偏于单纯。然而，当代描述中自命不凡的宏大只不过是竭力避免敏锐的区分，只不过是对动因的简单化。

　　这一讲谈的是意义、行动和反应。我对人性的结论是，人类的精神活动和人类的语言是彼此成就的。如果我们假定语言的产生是一个既定事实，那么也可以毫不夸张地说，人类的心灵是语言赋予人类的礼物。

　　上帝创世的第六日应该这样写：神赐给人言语，人就有了灵。

第三讲　理解力

1. 我们在前两讲讨论了"重要性"和"表达"。"理解力"是分析人类智能的三大概念中的第三个。我们探究的是对于"理解力"的理解。

我要向你们提出，无遗漏地理解这一概念是一项无法完成的任务。我们能够阐明智能的一些方面，但总有超出我们领会能力的理解。原因在于这一概念，即从被理解之事中纯粹抽象出来的智能，如神话一般虚幻。因此，一种完整充分的理解力是对于宇宙完美的整体把握。我们是一种有限的存在，缺乏这种把握能力。

这并不是说事物的某些方面在本质上不可能纳入人类的知识范围内。任何存在之物，就其与其余事物之间联系的有限性而言，都是可以认识的。换言之，我们能够通过某种视域来认识任何事物。但是，视域的整体性需要超越有限知识的无限性。例如，我们能够从其部分视域理解"绿色"这个表达颜色的词。但是，在宇宙的其他纪元，或者现在的自然规律不起作用的时候，绿色的意义就超出了我们的想象能力。然而，没有任何事物在本质上是不可认知的，随着时间流逝，人类可能会获得一种洞察自然界其他可能性的想象力，从而获得对于绿色在其他想象中的纪元之可能性的理解力。

有一首出名的诗据传说是大约八十年前由剑桥三一学院院长休厄尔博士所作。诗是这样写的：

> 我是这所学院的院长；
>
> 我不知晓的，
>
> 就不是知识。

这种态度在学术界一直很普遍，它扼杀了想象性思维，阻碍了进步。

当我们讨论理解力时，这是我想要辩驳的第一个异端邪说。虽然休厄尔博士这首诗是狂妄的——当然，或许他确实博闻强识——但我不会说这种观念就是由他而来的。我要说的是，理解力永远不会是一种完全静止的心态，它总是以一种不完整的、局部的洞悉过程为特性。我完全承认，我们的思维方式中都融入了理解力的这两个方面，即不完整性和局部性。自知之明在哪里？要我说，它不在自觉知识已然完成的时刻，而在自认知识尚在参透的过程。

当然，在某种意义上而言，完成是存在的。但是，这种完成预设了与某种给定的，但之前未界定的环境的关联，这个环境等待着我们去探索，同时赋予我们观察的视角。因此，我们拥有了关于"绿色"这个词的大量知识。但是，这种知识受到宇宙当前时期视域的局限，与一种确定的、未探索的无穷性（immensity）相关；而只有通过与其他无穷性相关联的方式，我们才能理解这种无穷性。

雪莱在戏剧诗《希腊》（*Hellas*）的一段合唱词中写道：

> 一个又一个世界不停运转，
>
> 从创造到毁灭，
>
> 犹如江河上的泡沫，
>
> 闪耀，爆裂，流泻。

在创造的过程中，理解力因其有限性而受局限。但有限事物的数量是无限的，没有任何有限事物在本质上是否定无限性的。这种无知是偶然的；而且这种知识的可能性揭示了其与已知事物的未探索领域之间的联系。任何对于有限事物的认知总是会与无限性相关联。20世纪文明思维发展所必需的专门化对学者的哲学观以及学术机构的发展产生了极其不幸的影响。大学各系都强调各自的独立性。大学的声望也与专业化的程度成正比。

随着科学的进步，心智在理解广度方面反而退步了。19 世纪是一个充满伟大成就的时代。但那个时代没有造就出对各种兴趣、各种潜能都很敏锐的学者。那个时代批判和推翻了那些本应该力求理解的地方。如果不把目光局限在 19 世纪，我们就会发现，一切时代在探索思维纵深的同时，也免不了受限于环境（setting）的琐屑细节。然而，为了理解存在的本质，我们必须超越错误的细节，领会思维纵深的根本特性，这种深度是那个时代最鲜明的推动生命进步的力量。在此，必须补充另外一个限制条件：如果生命确实进步了的话。

19 世纪是文艺复兴的最后一个阶段，正在经历产生下一代思想的阵痛。文艺复兴固有的局限阻碍了智识追求的扩展，它源于希腊人的学识，而希腊人被视为文明之父。毫无疑问，欧洲受惠于希腊的程度是难以言表的。但是，希腊思想，即使拓展为希腊—希伯来—埃及思想，毕竟只代表重要性的多面模式中的一个有限方面，而其他方面的重要性一直在人类意识的边缘产生推动力。

我们必须更加努力地去拓展理解力。在 19 世纪，希腊学家比最优秀的希腊人狭隘一些，基督教学者比早期最优秀的教父狭隘一些，科学家比数学和自然科学的奠基人狭隘一些。总体而言，19 世纪的所有学识多得无可比拟，即使将希腊人、教父和科学奠基人所知晓的学识都加在一起也远远不及。但是，现代人丧失了对于大量其他方法的体察，这些方法或杰出或可憎，隐藏于后，伺机击垮我们安全而短暂的传统。如果要延续文明，拓展理解力是重中之重。

2. 什么是理解力？我们如何描绘其特性？首先，理解力总会涉及"构成"（composition）这个概念。它有两种理解方式。第一种模式（mode）是把事物看成复合的，然后去理解构成它的各个部分，以及部分是怎样结合为整体的。这就是按照事物本身去理解事物的模式。

第二种模式是将事物看作一个整体——不管它是否能去分析——然后去获取它对环境（environment）影响的证据。第一种模式不妨称为内部理解力，而第二种为外部理解力。

仅仅把两者划分开是不够的。这两个模式是相互关联的：两者互为预设。第一种模式将事物看作一种结果，而第二种模式将事物看作一种起因。按照我们定义的后一种模式，我们已经进入理解宇宙过程这个概念中。实际上，过程的预设甚至进入我们之前的分析中。我们能够运用这些意义解释的途径来理解自然历程。

当然，只有明晰事物与过程的关系，我们才能最终理解事物。但是，此外还有一种对理想化关系的理解力，它是从事实本身抽象出来的。在这种关系的概念中，从事实到认识的转化是不存在的。

例如，从某种意义上而言，在数学中不存在转化。这种相互联系是于无限永恒中展现的。确实，时间、趋近（approach）、近似这些词也出现在数学话语中；但在严格数学意义上，时间概念与现实的时间无关，趋近概念也不涉及由此到彼的切换。在数学中，正如我们理解的那样，理想化的事实不证自明。

即使数学家也很少具备广泛的理解力，他们具备的是理解力的片断以及这些片断之间的片断的关联。他们可以理解这些关联的细节。但是，这些知识片断不会联结成为广泛的自明并列关系。他们充其量只会对最近注意到的细节具有模糊的记忆。

这种自明细节的序列被称作"证明"（proof）。但是，普遍的数学自明是超越人力的。

例如，1+4=2+3，这个片断知识在我看来是自明的。它再浅显不过了，除非我有意欺骗自己，否则它就是明晰无比的。数字要是大一些的话，我可能就不那么明晰了。我会诉诸证明的可靠性。当然，有的人可能计算能力比我好一些。

以伟大的印度数学家拉马努金为例，如同伽罗瓦一样，他的早逝是科学的一大损失。据说，他对于一百以下的整数可谓运算无碍。换言之，他对于自明性的洞察力，以及从这种洞察力中获得的喜悦，就像我们对五以下的数一样。我对五以上的数就算不上熟悉了。就我而言，数字大小的限制也让我享受不到拉马努金的那种喜悦感。

我承认，相较于数字和数量关系而言，我对于关系模式有更大的愉悦感。我之所以提到这些细节，是为了强调自明性呈现的形式是何其繁多，有的在于范围大小，有的在于质的差别。之前提到的完成感产生于理解的自明性。实际上，自明性就是理解力。

洞悉感同样依赖于理解力，与理解力的增长有关。脱离增长感的完成感是理解力的失败。因为，这里的理解力不能模糊地感知到事物之间的未知关系。脱离完成感的洞悉感也是理解力的失败，因为洞悉本身没有意义，也无所谓完成。

3. 现在让我们讨论一下"证明"（proof）这个概念。我要表达的观点：在严格意义上来讲，证明是一种脆弱的、次等的过程。当说出"证明"这个词时，马上就会意识到一个概念：半心半意。除非证据已经产生自明性，并进而使自己失去必要性，否则它就会导致一种次等的心理状态，只会产生理解力的缺乏。自明性是一切伟大的根本基础。而证明不过是获得自明性的多种途径之一。

我举一个例子：在哲学里，证明应该尽可能少。全部精力应该放在展示基础事实的自明性上，主要是关于事物的本质和事物之间的关联。应当注意，逻辑证明始于前提，而前提基于证据。因此，证据是以逻辑为前提的，至少预设了逻辑是重要的。

哲学旨在昭示关于事物本质的证据。所有理解力以这个证据为前提。一种正当的哲学会充分利用这条根本的、一切前提所预设的经验。哲学可以更好地调节人类心智的内容，将意义加之于片断的细节，并揭示分离和结合、一致性和非一致性。哲学是对于支配特殊思维模式的抽象性的一种批判。

因而，无论从何种意义来说，哲学都是不能证明的。因为证明倚赖抽象。哲学总是自明的，否则就不是哲学。任何哲学论说的目的都应该是产生自明性。当然，这个目标是不可能达成的。但是，尽管如此，哲学中的所有推理都伴随着人力的这种不完满性的标志。哲学的目标是纯粹的解释。

哲学面临的巨大困难在于语言的缺疏。人类日常交流是关于不断变化的情况的，没有必要提及不证自明的事实。因此，狩猎场景被画在洞穴壁上几千年之后，人们才开始有意识地去分析永恒的空间关系。当希腊人需要词汇来表达自然界现实事物的终极特征时，他们就不得不运用如"水""气""火""木"等词。

从美索不达米亚到巴勒斯坦，从巴勒斯坦到埃及，当古老世界的宗教思想需要表达宇宙方向的最高统一性（一切秩序都依赖于此，它赋予重要性以意义）时，除了借助统治世界各帝国的专制君主所具有的敏感、虚荣、傲慢的特性，他们找不到更好的自我表达方式。在文明宗教的起源中，神是与独裁者类似的。宗教的现代仪轨仍旧保留了这个污迹。佛教经书和基督教福音书中散布着对于这种陈旧观念的反驳。

语言滞后于直觉。哲学的困难在于，它要表达的是自明之物。我们的理解力超出了词汇的日常用法。哲学类似于诗歌。哲学竭力追求生动的、隐秘的诗性语言。哲学力图把弥尔顿笔下的"利西达斯"田园简化为散文，进而产生在其他思维联结中可用的言语符号体系。

这种对于哲学的借鉴表明，理解力的主要根基并非推理。理解力是自明性的。但是，我们直觉的清晰性是有限的，而且明灭不定。因此，推论可以作为一种手段，来获取这种我们可达到的理解力。证明是工具，用以拓展我们不完满的自明性。证明以清晰性为前提；而且预设了这种清晰性代表了一种不完满的洞悉，由它进入我们对于周遭世界（事实的世界、可能性的世界、我们珍爱的世界、带有目的性的世界）的模糊认识中。

4. 讨论至此，我们需要清晰地认识事物的另一方面。它是一种普遍的特征，具体形式可以用"混乱""罪恶""错误"等名称来表述。根据某种意义，事情总会出错的。因而，我们在理解事物本质时，就会引入由坏变好的纠正概念，或由好变坏的蜕化概念。

对于哲学家而言，这是一种诱惑，即他们应该编造神话来调节诸多因素；然后顺便引入挫折（frustration）这个次生的概念。我认为，这就是我对 19 世纪乃至斯宾诺莎的唯心主义的批判。难以置信的是，一元论中所构想的"绝对"竟然会发展到让自身模糊不清的地步。

认为模糊不清不如秩序根本，这是毫无道理的。我们的任务是逐步形成一种包容这两者的一般概念；这个概念也会显示出扩大洞悉范围的途径。我建议从宇宙两个方面的概念起步。一是统一性因素，其本质包括事物的联通性、目标的统一性、接受的统一性。重要性的整体概念与终极的统一性相关。在宇宙中，还有另外一个同等重要的概念，即杂多性（multiplicity）。现实事物各有自己的经验，既有个体性，又彼此需要。

描述整体性时需要许多现实事物，描述这些现实事物时则需要得出重要性和目的性的整体概念。由于这些事物具有基本的个体性，其有限的实现就会存在矛盾。于是，不管是从多到一的汇合，还是从一到多的意义衍生过程，其中都包括了混乱、冲突和挫折这些概念。

从对事物各个方面的常识到融贯的哲学性理解，这些都是一些最基础的方面。哲学如果草率地忽略了这个困境的任一方面，都是在逃避责任。我们永远不能实现无遗漏的理解，但我们可以去提高洞悉力。

如果存在无遗漏的理解，那么一切个别便都会清晰了。于是，这就不过是重复已知的认识。在此意义上而言，即是同义反复（tautology）。因此，同义反复是针对无限的智识玩味的。

在同等意义上，过分强调个别也是武断的。无限就是通过这种方式来控制其注意力的集中。

对于有限的个体而言，可在其自身的经验内对新事物进行洞悉；个体产生的因果关系会制约细节上的选择。哲学易于在无限和有限之间摇摆不定。因此，即便是不完满，只要识别出其模式，理解力就是自明性的证据。同样对于有限的经验而言，推论能够进一步洞悉这种自明性。

一种理解若是局部的，那么它对"排除了什么"的认识就要比"包括了什么"的认识更加确切。就包括的内容而言，将它完成的模式是有无限多种的。但是，只要说明它尚未完成，某些因素就会被明确地排除。大约二十年前，哈佛大学的亨利·舍费尔教授发现并提出：逻辑的基础仰赖于不相容，或者说不一致。舍费尔教授还强调，逻辑的基础是模式（pattern）。这是他对数理逻辑的一大推动。

首先，如果在不相容概念基础上建立逻辑学，有限性就一定会被引进来。正如斯宾诺莎所指出的那样，有限性要排除与自身具有可比性的事物。因此，不相容便将逻辑学建立在斯宾诺莎的有限性概念基础之上。

其次，正如舍费尔指出的那样，否定（negation）和蕴涵（inference）都能从"不相容"中推出来。因此，在它的基础上能把整个逻辑建立起来。我们可能注意到，逻辑的这个基础表明：挫折这个概念更类似于有限的心态；而合取（conjunction）则源于宇宙一元论。哲学的任务是将世界所表现的这两方面协调起来。

再次，逻辑的这个基础启发了我们去理解过程，而过程是我们经验中的基本事实。我们存在于当下；而当下总在变换；当下源于过去，塑造未来，而且正在通往未来。这就是过程。在宇宙中，这是一个无可辩驳的事实。

5. 但是，如果一切事物都会结合在一起，那么要过程做什么呢？一种回应是干脆否定过程。过程仅仅是表象，缺乏终极现实所需的宏大意义。于我而言，这个回答看起来非常不充分。恒久的、统一的真实，怎么会产生变动不居的幻象呢？我们必须理解变化和永恒（两者相辅相成）的相互交织，才能给出令人满意的回答。这种交织是经验的一种基本事实，存在于我们关于人格同一性、社会同一性、一切社会功能概念的基础之中。

同时，我们现在必须来讨论一下不相容和过程之间关系的另一方面。不相容指的是构成两个命题意义的两种事态不能共存。不相容否定了两种意义的合取是可能的。但是，在关于不相容的判断中，这些意义被结合在了一起。这就是当柏拉图通过笔下角色说出"非在是一种存在"时暗指的那种困惑。

我得出的结论是，"集合"（together）这个词与其他所有表达合并的词一样，如果缺乏明确的规范，就会非常模棱两可。例如，"和"（and）这个再简单不过的词就是滋生含混的温床。令人惊异的是，我们对连接词的含混竟研究得如此之少。这些词使精确的推理陷入危险境地。遗憾的是，这些词大量出现在文采飞扬的文字中。因此，文采并不能确保逻辑上的一致。

在阅读哲学文献时，我们必须仔细推敲每一个表示连接的词。如果这个词在同一句话或相邻的两句话中使用两次，那么我们能否确定——至少是为了论证充分的目的——这个词的两次运用体现了同样的含义呢？

我认为，古代和现代逻辑学中的著名悖论都源于这些模糊性。许多在形式上不是连接词的词汇同样表达连接含义。例如，"类别"（class）这个词与"和"这个词一样充满着含混。如何研究这些模糊性，决定了如何理解模式（pattern）以及各类模式的连接词。在这个问题上，哲学文献的研究过于简单，因此众多令人信服的论证都落入了这个陷阱。

我们现在必须回到"不相容和过程"这个话题。不相容的一对命题，我们称其为 p 和 q，指的是在某种预设环境呈现出来的结合模式中，p 和 q 这两个命题的意义不能同时发生。p 和 q 的含义不能够同时出现，要么两种含义都不出现，要么只有一种出现，但两种不能同时出现。于是，过程是宇宙借以摆脱不相容的模式。

这种排除属于环境的有限性。借由过程，宇宙摆脱了有限性的束缚。过程是有限之中的无限内涵；因此，一切界限都打破了，一切不相容都消融了。

任何具体的有限性都不能成为宇宙的最终桎梏。在过程中，宇宙的有限可能性趋向于实现的无限性。

在事物的本质中，不存在逻辑意义上的"根本排除"。因为如果我们将注意力投向整个时间的推移，就会存在两种实体。它们在漫长过去的某一天，以不相容的模式出现在这个地球上，在比较近的过去的另外一天也不相容——将一切时代考虑在内的话，这两种实体可能就会成为相容的：一种实体出现在早些时候，另一种实体出现在晚些时候。因此，相对于所包含的抽象性而言，不相容是相对的。

如果我们满足于高度的抽象，很容易达到理智的相容性。纯数学便是遵守这种精确抽象性的成功范例。此外，在 16 世纪和 17 世纪最终揭示出来的数学的重要性阐明了一种理论：人类有限理解力的进步需要遵循某种合理的抽象以及那种抽象中的思维发展。在近三千年间，这种方法的发现使现代文明的进步科学出现了。

6. 但是，发现是一个逐步的过程。即便到现在，我们也没有完全理解这种方法。学者们以一种极其轻率的态度来对待思维的专门化。人们普遍认为，一门专业的发展不会影响环境视域的预设。在研究开展初期，这没什么问题。人们没有看清的是，任何具体话题的拓展都会彻底改变其含义。当拓展一种科学的主题时，它与宇宙的关联就会减弱，因为科学是以严格定义的环境为预设的。

环境的界定即是具体抽象所忽略的部分。这样的界定就是取消相关。之所以无相关，是因为定义需要理解事物的无限性，而无限性是不可能的。我们所能做的是进行抽象，是预设相关性，并在这个假定的范围内进行探究。

有限科学的清晰性与外部的黑暗宇宙之间具有截然的差别，这本身就是一种对具体事实的抽象。比方说，我们可以去研究自己的预设。拿自然科学来说，它预设了几何学。但应该是哪一种几何学呢？存在许多种几何学。事实上，存在无限多的几何学。我们要选择哪一种呢？

我们都知道，这是一个近三十年来困扰着，或者说是鼓舞着自然科学的话题。最终，伟大的科学家们会得出我们都能够接受的结论。然而，质疑仍会存在。我们如何知道只有一种几何学与纷繁复杂的自然界有关联呢？也许一类事件与三维几何学相关联；而另一类事件则需要十五维几何学。

当然，我们的一些表面的感性知觉，尤其是视觉，似乎迫切要求三维空间。另外，虽然声音频率范围宽，但就其音量范围而言，在十三度或者十五度之间，声音仍然是模糊的。而且，只要我们能够观察到任何音节上的变化，无论变得非常小或非常大，都会大大改变音色。

我们已经养成了非常特殊的感官观察类型，因此也遵守一套相应的特殊结果。在适当的限制下，的确如此。但是，当我们在拓展科学时，与自然界其他方面的关系的范围便会愈发重要。

除非我们能够理解知识与十五维空间关系的基本关联，否则我们的知识就会被曲解。武断地把自然界的三维预设为唯一重要的维度，这在过去曾经是有帮助的。但在当下就变得危险起来。在将来更可能会成为知识进步的致命错误。

同样，这个星球——或者说太阳所在的这片星云——的空间关系可能在发生普遍的变化。也许在模糊遥远的未来，如果人类还存在的话，他们将会从一个更高、更广的角度来回顾这个奇异的、狭小的三维宇宙。

目前这些推测的正误与否虽尚未被证实，但它们具有一种神话价值 (mythical value)。这些推测是一种象征：过分关注人类经验中特定方面的连贯语言表达可能会阻碍理解的进步。从系统化知识之树上掉下的苹果太多，反而会阻碍进步。

对于维系兴趣来说，最根本的是进步感和洞悉感。同样，进步包含两种类型。一种进步是运用已知既定模式去协调不断增多的细节。

但是，既定模式的类型限制了细节的选择。这样，宇宙的无限性会被摒弃，而成为不相关联的孤立部分。初创的饱满精神所带来的进步，此时便退化成了枯燥的积累和协调的细枝末节。思想和艺术的历史也阐明了这个理论。我们不能规定进步的模式。

诚然，进步在某种程度上是聚合细节，并将其归到既定模式中。这是教条式的进步，规避了提出谬论的风险。但是，历史也呈现了另一种进步，即将新模式引入经验的概念化中。这样，那些迄今为止人们认为是无关联的，因而没有去辨别的，或者是忽视了的细节就会浮出水面，上升为协调的经验。这是一种宏大的关于未知世界的新视野。

7. 因此，理解力具有两种进步模式，一是在既定模式中聚合细节，二是强调新细节，发现新模式。教条主义在关联模式方面一直桎梏着人类的智慧，这种致命病毒也以同样的方式影响和阻碍着宗教思想、美学思想、社会结构理论和科学的观察分析。

欧洲的思想大厦从一开始就渗入了这种教条思维。伊壁鸠鲁、柏拉图和亚里士多德都同样坚信他们经验中存在的各类因素是确定的，这些因素精确地按照他们理解的形式存在。他们没有意识到抽象的风险。后来，康德在《纯粹理性批判》中精湛地剖析了我们为何应该如此确定。对于这种确定性，可谓天才所见略同。

这些伟大人物的信念没有经得起过去两百年来知识拓展的考验，这真是个历史的悲剧。从柏拉图所构想的那种意义上而言，数学是错误的。而从伊壁鸠鲁所认为的那种意义上而言，感性材料并不是清晰、明确和基本的。

思维的历史很不幸地结合了令人鼓舞的启示与令人闷抑的封闭。完成的、确定的知识会丧失洞悉力。这种教条主义是思想的大敌。

在事物之间的具体完整关联中，彼此关联事物的特征成为将它们连接在一起的关联特征。

比方说，我们按照两个人的特殊个性来定义一切友谊。那么，如果换了两个人，他们虽然也是朋友，但与这个定义就不相容了。同样，图画中的各类颜色构成了这幅作品，它有一定的几何构图。如果我们仅仅考虑几何关系，蓝色块就能替代红色块。在这种几何抽象中，红色只是与蓝色一样，与其他剩余色块保持一致。但如果我们更细致地去考察这幅改过的图画，那么可能就会得出一个结论：这幅杰作被毁了。红色与绿色的搭配在具体来看是不相容的。

因此，随着我们洞悉具体的理解，不相容就发挥了支配作用。即，除了这个实体外，所有实体都与这一实体所产生的特殊效果不相容。当我们回复到抽象时，与之相对应的是许多实体替换掉后产生同样的抽象效果。因此，相容性会随着具体到抽象的过程而增加。

因此，不相容概念存在一种模糊性。实体之间的区别会产生差异。如果色块为深红色，就不能在此运用浅蓝色。这两个概念不相容，因为红色与蓝色之间的差异，它们是完全不同的两种颜色。在美学鉴赏上也是有差异的。在一幅杰作中，蓝色可能是其中一个要素，但在同样的几何位置用红色将其替代，那么整个美学价值就会被破坏。另一方面，如果人们的兴趣完全集中在几何关系上，那么红色和蓝色都同样可以标识出那个区域。

我们现在应该明白了，不相容包含两个类型，分别称作"逻辑类型"和"美学类型"。在逻辑类型中，整体是由位置复合而成的，每个位置都可以放上若干不同的事物，也就是替换。替换过后，整体就会发生质变；可替换事物增加后，整体的基本预设也会发生改变。

由于环境的所有可能性，我们永远无法完全彻底地理解一个构成。我们仅能意识到一个抽象系统。由于这个抽象系统，因素的改变或者添加会变得无关紧要。不同事物之间的等价性和相容性上方永远笼罩着公正的惩罚。当我们扩大自明性时，抽象性会缩减，而我们的理解力就会洞悉具体事实。因此，或早或晚，知识的增长会产生差异中对抗的证据。

8. 这一讲中谈的理解力不只适用于逻辑学。美学经验是自明性的另外一种模式。这个结论如同欧洲思想本身一样古老。将数学中的比例关系理论应用到音乐和建筑领域，这个做法激发了毕达哥拉斯学派和柏拉图学派的兴趣。同样，在数学家中广泛流传的感受——论证要优雅——也引起了哲学家的注意。

我认为，将美学和逻辑学进行类比是哲学中一个尚未充分展开的论题。

首先，美学和逻辑学都涉及对构成的感受，由于众多细节之间的相互作用，构成形成了一个整体。其重要性源于生动地理解细节之间的相互依存。如果过分偏重任何一方，经验、逻辑和美学就会失去意义。

逻辑学与美学的区别在于抽象化的程度。逻辑学注重高度抽象化，而美学则尽可能接近具体化，以满足人类有限的理解力的需求。因此，有限的智能向无限进行部分的洞悉时，便会陷入两难的境地，而逻辑学和美学就处在这个困境的两个极端。

任何一方都可以从两个角度去考虑：一方面是逻辑上的复杂性，以及发现它时感受到的愉悦；另一方面是美学作品的创制，以及创制时感受到的快乐。我们不能夸大创制与感受之间的区别。但区别确实存在，而且在这一讲的最后，我们要探讨的正是感受而非创制。

逻辑运用符号，但只是把符号当作符号来运用。例如，逻辑符号是不管行间距、页边距和开本（四开本、八开本或十二开本）的差别的。

美学感受的进步则是反方向的。我们会折服于建筑物的优美轮廓、图画的欢快基调、语句的精美平衡。整体先于细节。

接下来，我们进入辨别阶段。在那一刻，细节迫使我们将其作为影响整体效果的原因。在美学中，有一种整体能够显示出其构成的各个部分。

在欧洲思想史上，强调细节平衡几乎毁掉了美学探讨。享受古希腊艺术时，人们一直纠缠于寻求细节，目的是说明除了油然而生的和谐感之外，艺术还有某种严格的独立性。

在任何伟大艺术形式中都存在着神奇的平衡。整幅作品增强了各部分的价值，而所有部分都超越自身，在保存自我的同时形成了整体。不过，值得指出的是，更能引发人们兴趣的是对于细节的初步研究（如果被保留了下来），而非在完善的作品中所表现出来的那些末节。即使最伟大的艺术作品也达不到完美。

相对于逻辑经验而言，由于更加具体，美学经验是一个更广泛的论题。实际上，当充分探究过美学这个论题之后，我们会质疑是否还有什么方面尚待讨论。但是，这种质疑并不合理，因为伟大经验的本质是对于未知和未体验世界的洞悉。

逻辑学和美学都注重封闭性事实，而我们的生活则是在揭示的经验中度过的。当我们失去这种揭示感，我们就会丢却心灵的这个功能模式，沦为与过去的均一。完全的符合意味着生命的丧失。残存的是无机界的空洞存在。

总结而言，这三讲试图集合哲学思想中最重要的观念。提及最少的是体系化。在三讲的标题下，我们探讨了各种概念。

我们总结出一个道理：除却细节和系统，哲学观是思维和生命的根本基础。我们注意到的观念和我们选择忽略的观念控制着我们的希望、恐惧和行为。只要我们思考，我们就活着。这就是为什么哲学观念的集合超出了专业领域。这些观念铸造了我们的文明。

第二章

活动

第四讲　视域

1. 我们有理由相信，至基督教诞生之前和之初的一千两百年里，人类的天赋已经达到了高峰。在那个时期，人类提出并讨论了美学经验、宗教、社会关系、政治智慧、数学推导、科学观测的主要概念。当然了，文明的这些方面都有着更悠久的历史，一直可追溯到动物时期。但在那个时期，人类取得了很多辉煌的成就，并开始有意识地探究这些成就与人类生活理想的关联性。在初期，出现了《荷马史诗》和儒家思想；在后期，涌现出维吉尔、约翰福音和罗马政治制度。

生活中的种种技艺得到了蓬勃发展，每一种技艺的初创期都是在这个时期之前。例如，书写是在许多个世纪里逐渐发展起来的。但是，在这个时期，书写变得更加便利了，成为保留个人内心思想的一种媒介。而此前，书写多用来记录帝王的诏谕和胜利者的狂言。金属、车马、道路和航海等方面的发展也可以这样看。这些都意味着文明处于襁褓中。我们在这个时期取得了成就。当然，自这以后，人类在知识和技术方面一直在进步，但仍旧循着那个黄金时代的各种活动所开辟的道路前行。过去一千八百年的欧洲历史是那个黄金时代的续篇。

这种因袭辉煌过去的做法有一个不幸的后果：之前不完善的见解在语言、文学里扎下了根。此外，语言还左右着我们无意识的思维预设。

比方说，每个单词都有辞典里的释义，每个句子都以句号为界，它们都表明我们能够完全从环境中把自己抽象出来。因此，我们倾向于将哲学问题看作是对事物各类相互关系的理解，即使不进行其他任何参照，每一种关系也是可理解的。

2. 这个预设是错误的。让我们先不去管它，假定每一个实体，不管属于何种类型，在本质上都包含了自身与宇宙其他事物的联系。不论是在成就还是潜力方面，我们都可将这种联系视作专为那个实体而设的宇宙。这种联系可被称作该实体的宇宙视域。例如，数字三、蓝色或任何一种已实现事实的确定情境，都存在为其所设的宇宙视域。

任何一种质化抽象（如数字、颜色等）的视域都包含无限的可能性。而另一方面，一种事实性情境的视域则需要消除与当下情境的实现相关的其他可能，并减少关于未来的可能；因为作为当下世界的一个部分，这种情境是制约其自身以外的未来的因素之一。

我们目前对所有类型的实体进行抽象，探究这种做法所具有的意义，这不只是学者案前的形而上学难题，更是日常判断中所需的实践意识问题。将适用于一组事件的宇宙视域中的概念不加鉴别地运用到不同视域的其他事件中去，这是危险的。由于存在差异，我们就需要校正。在第二部分的第三讲中，我会讨论视域理论在每一种实体中的不同应用。同时，有必要探究一下因忽视这个理论而引发的一些误解。

在我的《科学与近代世界》一书中，曾在"关系本质"这个标题下探讨过宇宙视域这个概念。不过，那时只讨论了质化实体的视域，此时这个概念已得到了进一步拓展。

3. 最简单的事物分类学说认为，某些极端的类别是独立于其他事物存在的。例如，古希腊哲学家，尤其是柏拉图，似乎赞同这种关于质化抽象（例如数字、几何关系、道德品格等）的理论，也赞同较高级的感性知觉的质化启示。换言之，根据这一传统，即我们从自身经验中抽象出此时、此地、此境、此事的非理性特征，那么剩下的便是自我同一性、区别性和本质的相互联系，它们与事物的推移没有本质的联系。于是，我们完全抛弃了转化因素，而把注意力集中于永恒的形式领域。在这个想象的领域中，没有变化，没有失去，也没有获得。这个永恒领域本身就是完成的，是自我维持的，因而是"完全真实"的领域。

这个概念一直困扰着哲学，它与古希腊的思想相差不远。后来，这个概念把希伯来因素转移到了基督教神学之中。

我们必须承认，在某种意义上，将这些从变化、失去和获得中抽象出来的形式领域作为预设是不可避免的。例如，十二乘十二的乘法表就是一个简单的例子。在一切关于已经发生和可能发生的事件的观念中，我们都假定了乘法表从本质上对历史过程作质的规定，不管这个进程的时间所指。它永远随手可得，不会逃离。只要我们有清晰的视野，这种确定知识的因素就存在。但是，我们的视野如何才能清晰呢？

永恒形式领域的概念产生了一些修辞学的、乞题的词汇，如"自我维持""完全真实""完满"和"确定性"。

让我们按相反的顺序来研究这些词汇。我们在算术方面会犯错误，会误解数字和数字之间相互关系的确切含义。17世纪和18世纪的伟大数学家们错误地理解了他们研究的对象。比如，在无穷小的概念、无穷级数的前提条件和复数理论上，他们的发现就充满了谬误。

不论他们是神学家、科学家或人文主义者，这些教条主义者最看重的幻梦就是人类知识领域概念应以纯粹真理为特点。

同样，"完满"这个概念也一直困扰着人类的想象，我们不能将其忽略。但是天真地将其归于形式领域是毫无道理可言的。

泥土的形式、罪恶的形式、其他不完满的形式又是什么呢？如果把各类形式比作一栋房屋，那么这栋房屋中就会有许多超出其范围的大厦。

最后，我们把"自我维持"和"完全真实"这两个概念放在一起来讨论。从本质上而言，每种形式都指的是其某种实现。数字概念，例如"五"和"六"指的是那些可以作为其例证的事物。如果认为一到六的数字概念存在于真空中，那是极端愚蠢的。泥泞的概念与泥土相关，而罪恶的形式需要各种罪恶的事物。

因此，形式的所指是超出了自身的。将除本身之外任何没有含义的"绝对实在"归于这些形式，这纯粹是幻想。形式的领域是潜在性的领域，而"潜在性"这个概念本身就有外延。这个外延涉及生命和运动、包含和排斥，也涉及希望、恐惧和意图。用更通常的说法，这个外延涉及欲求。它指涉现实事物的发展，这些事物是形式的实现，又超出了形式。它指涉过去、现在和未来。

此外，万物都是以其自身的方式而成为某种实在的事物。当你认为某些事物是非实在的，你想到的仅是一种没有将"某些事物"包含在内的实在类型。但是，实际存在并不意味着能够自我维持。同样，各种实在的模式是互为需要的。哲学的任务即是阐述不同存在类型之间的关联。我们不能穷尽这些类型，因为它们的数量是无限的。但我们可以从看起来处于极端的两种类型开始，然后在表达与其他类型的相互关联时将这些类型揭示出来。

我并非认定这两种极端类型在本质上比其他派生类别更基本，或更简单。但我认为就人类经验而言，这两种类型是理解存在类型的自然出发点。

这里所谈的两种类型可被称为"现实性类型"（The Type of Actuality）和"纯粹潜在性类型"（The Type of Pure Potentiality）。

这两种类型彼此需要：现实性是潜在性的例证，而潜在性则描述了现实性的特征——不论是在事实还是概念上。

同样，关联这两个极端类型时需引入其他类型，即类型之上的类型。每种类型都表达某些构成模式。我认为，语言传统在对待构成模式时异常天真。某些大家很爱用的词，如"构成"（composition），其本身就掩盖了通过反省会发现的种种困惑。

此时我们最好还是反躬自问，我们在哲学思想的发展中要诉诸什么？证据又在哪里？

很明显，人类经验就是这个问题的答案，这些经验通过文明的相互沟通来进行分享。只要广泛分享，我们就能够在法律、道德社会习惯、为人类带来满足感的文学艺术、对社会兴衰的历史判断，还有科学中找到可证实这个答案的表述。这些表述也同样散播在词汇和语言所表达的含义中。

哲学是次级活动，斡旋于各类表达中。哲学找寻事物的类型，每种类型都例证了一种具有自身特征实在的存在模式。哲学所有的信息来源也同样表达了事物融合（interfusion）的各方面。因此，哲学的任务是理解存在模式的融合。

最终还要考虑的一点是，哲学将其来源限定在人类经验所揭示的世界范围内。

4. 在穿插回顾了证据后，我们回到这个问题上：作为与潜在性这一端相对的现实性，其含义是什么？我们再重述一下：现实性和潜在性彼此需要，互为例证和特征。因此，为了理解现实性，我们必须要问：什么是特征？具有特征的是什么东西？

对于第二个问题已有很多种回答，每种都关乎人类经验的某些重要方面。可将这些回答归类为三个题目，即"实体""事件"和"绝对"。但这些题目涉及了延续几个世纪的学术讨论，虽然并非朴素的经验，但是很重要。

我们可将更为直接的体验划分为两大类，分别进行深入分析。一类包括从先前事实中得来的质化经验的感受，这些感受被当下事实中的个人统一体所占有，并制约着未来的事实。在这个经验类别中，包括外部衍生的感觉、内部的直接感觉、向外传送的感觉。这种复合的感受涉及过去、现在和未来，既是复杂模糊的，又是不可避免的。它实现了我们与外部世界之间的基本关联，也实现了我们自身的个体存在。它将我们的即刻当下经验作为历史的一个引致的、真实的、有效的事实，并将这种体验感作为具有自身特性的一个单独事实的本质。这种经验的主要特征包括复杂性、模糊性、强制性。在某一方面，模糊性能够产生相对明显的分类，即将世界分为动物和非动物的自然界物体，动物是亲密、强烈、相互表达所进行的领域，而感受的亲密性和强烈性则不见于自然界的其他领域。我的大脑、心脏和内脏都属于我自身，具有相互调整的亲密性。日出是一种由超越这种关联直接性的世界传递出来的信息。身体的行为系统具有一种因素，可与个人经验中质的转化发生直接关系。而外部世界与感受的变化之间的关系缺乏这种直接性。因此，不论为了抽象的还是医疗的目的，哲学都难以与生理学分开。人体和当下经验的行为系统是紧密相连的。

5. 第二类人类经验与第一类具有截然不同的特征，缺乏亲密性、强烈性和模糊性。这类经验由形式的区分所构成，借由事实与身体的关系来表达这些外部自然事实。我们可称其为"感性知觉"（Sense Perception）。

感性知觉属于高级动物，那么我们将按照我们对它的认识，也就是按照人类经验来研究它。感性知觉是一个复合体，从构成第一类人类经验的更原始的身体经验中衍生出来。它从其源头蜕变出来，焦点却改变了。感性知觉的首要特征包括清晰性、明白性和无偏性。它的次级衍生物是情感，通过唤醒自身之外的反应获得。这就是休谟的理论。只有他忽略了直接的身体经验，虽然他也用这些初级经验来描述人类对感性知觉的反应。

在感性知觉中，我们辨识出外部世界，其各部分以质的形式为特征，并通过表达分离和联结的各类形式相互关联。这些质化形式就是感受材料，例如蓝色的阴影和声音的音调。空间和时间形式是表达区分和联结的形式。通过专注于这些感性知觉的形式来解释的世界，我将其称之为"自然界"（Nature）。

这些质化和时空的形式主导着这种经验。这些形式不受情绪的影响，永远是它们自身，即能够生动地实现从承载情感的现实实例中抽象出来的事物。自然界是缺乏情感冲动的。

感性知觉是动物经验中抽象化的一大成就。这种抽象源于选择性重点的增长。感性知觉赋予人类三份礼物，即一种达到准确性的方法、一种质化区分外部活动的感觉，以及一种对于本质联系的忽略。

高级动物经验的这三个特征，即近似的精确性、性质上的确定、对本质的忽略，共同构建了人类经验中意识的焦点。

这种对于抽象意识的基本判断，即"除却与外物的任何关联而对这种性质做出例证的实体",是亚里士多德逻辑学的基础。

同样，科学实践也建立在忽略的特征之上。为了准确观察，我们需集中注意力，消除与经验模式无关的所有意识。但是，无关性是不存在的。因此，被忽视的关联模式是整个科学的基础，主导了具有科学思维的社会群体。有鉴于此，体系化知识的进步包含两方面：一种进步是发现体系内在的结构复杂性；另一种进步是发现体系的局限性。系统忽略了其自身对于存在模式的环境协调性所产生的依赖，这些存在模式与系统内实体具有本质关联。既然所有事物都是互相关联的，那么任何忽略某些事物的系统必然承受这种局限性。

强调高等感性知觉材料，如视觉和听觉，打破了两个世纪以来的哲学发展。"我们知道什么"这个问题已经转化为"我们能够知道什么"。后者已经被武断地解决了，其预设是当我们意识到这些感性知觉材料的时空模式时，知识便产生了。

6. 研究人类知识要从模糊的多样性开始，这种多样性可以在人类经验的变化中发现。以简单、随意的前提（例如，将感受材料的时空模式作为所有知识的来源）作为基础是危险的。这些时空模式和算术模式中存在一些特殊性。从我个人的思维框架出发，我很反感这种专注于乘法表和正多面体的做法；换言之，我反对这样一种说法：以数的关系为基础的拓扑学本身包含了一种理解事物本质的根本办法。当然，我们应该从更广泛、更具有洞悉性的原则出发。算术和拓扑学只是专门的研究。

普遍的区分原则主导着这个我们称之为"人生"的创造过程，这些原则都是什么呢？我们仅能求助于自身的直接洞察，即笛卡尔所说的"直觉"。我们的判断力（judgment）——笛卡尔同样诉诸它——需要一种探查力（inspection），提供为做出决定所需的材料。因此，问题在于主导经验的基本模式。这些模式是分类的模式，每一种都包括在本质上形成对照的差异。

我认为，经验的本质特征可以用三组反义词来表达分类的三种原则，即"清晰与模糊""秩序与混乱""善与恶"。我们应从这些经验模式开始来理解创造。

秩序与善之间存在一种天然的紧密关系，反对"有秩序的行为"是很不常见的。毫无疑问，纯粹的秩序是有局限性的，它会过度。但不以秩序作为部分的基础，卓越也就谈不上了。纯粹的混乱会导致一事无成。这一讲的一个目的就是探究秩序与善之间的紧密关系，并提出局限性。

这是一个宏伟的目标，尤其当我们想到，欧洲思想史中最著名的演讲恰恰就是这个主题。这篇演讲发表于大约两千三百年前，题目并没有提到秩序。但我们确实知道它的主题就是数学。为什么柏拉图坐下来写一篇主题为"善"的讲稿时，他竟然会自然地想到数学呢？这个问题值得我们今天从自身角度出发来进行探讨。我们并不关心演讲中阐明的精确数学理论，甚至也不关心数学与柏拉图所设想——毋宁说误解——的形式之间的精确关系。我们的主题是秩序与善之间的关系，数学与秩序之间的关系。

初看之下，如果认为乘法表与登山宝训中的善之间有某种重要联系，实在是大谬不然。但是，我们可以思考一下，人类经验是怎样从混沌的动物性中清晰起来的，这样就会马上发现，数学知识是深入认识善的本性的首要例证。同样，我们必须谨记，道德仅仅是善的其中一方面，虽然人们往往过分偏重它。

动物享有结构。它们能够建立巢穴和堤坝，能够穿越森林追踪气味。混乱和相互交杂的具体实现的事实支配着动物的生活。而人类理解结构。他们从大量细节中抽象出支配原则，能够想象各种可供选择的例证。他们能够设想长远目标，比较多种结果，从中选择最优。但如何理解具有多种应用形式的结构，这一点决定了人类控制目标的本质。

作为人类需要学习结构，而成为动物只需要享有结构。动物享有社会关系；而人类能够了解社会关系中包含的确切个体数量，并能够想象数量之间的确切关系。换言之，在从较低级的动物经验到较高级的人类经验的推移过程中，我们已经获得了一种选择的重点，借此可以清晰地定义有限的经验情境。

人类划分的清晰性既增强了每个独立情境的独特性，又揭示了自身与这些情境的本质关系。这种清晰性强调了有限的个体性及与其他个体之间的关系。

此外，清晰性于即时实现中揭示了对事实性的某些分析。然而，通过这种揭示，其他在过去、现在、未来的多种可实现的可能性就会凸显出来。清晰性告诉我们可能存在和可能已经存在的东西，揭露了歧异和相似。人类拥有洞察事实内部形式功能以及从这种相互作用中产生价值的能力。在人类历史上，当对繁杂的模糊认识转变成对数的精准观察时，人类在理解形式之间的混杂交织方面迈出了一大步，这是作为揭示善的高等生命所必需的。

我想起了一个实例，证明至少松鼠尚未跨过这条文明的界限。当时我们住在位于佛蒙特州一处很棒的湖畔森林宿营地。一只松鼠在我们的营房内筑巢，将巢安放在火炉旁的砖洞里。它进进出出地喂养小松鼠，完全忽视人的存在。一天，松鼠妈妈认为小松鼠们已经长大并度过了哺育期，因此，将它们一个接一个地带到森林边缘。多年后，我回想起来的共有三只小松鼠。但是，当松鼠妈妈将它们放到外面的岩石上时，松鼠一家看起来与在营房巢内时大不相同。松鼠妈妈有些惊恐不安，跑进跑出两三次，确定没有小松鼠被丢下。她不会计数，也不会给小松鼠们起名字进行识别。她只知道岩石上的模糊数量与巢内的不同。在家庭经验中，松鼠妈妈不能理解数字的明确界限。因此，她隐约感到惊恐不安。如果松鼠妈妈能够计数，那么她就会体验到成功哺育三个孩子的明确满足感，或者，如果丢失了一个孩子，她会感到强烈的痛苦。然而，松鼠妈妈没有充分体验到任何精确的限定形式。

因此，对精确限定形式的直觉力，决定了对于善恶的生动体验。数字在这些形式中占据着主导地位。

7. 在讨论更深刻的经验，即宗教和神秘经验时，我们过多强调了对于无限性的单纯感受。完全受这种感受支配的任何生物都要比松鼠还低级。一切实现的形式都表达了有限性的某方面。这样一种形式表达了其本性是"这个"，而不是"那个"。换言之，形式表达的是排他性，而排他性意味着有限性。

世界全部的尊严源自于感受的有限性范围内的积极成就，以及超越每一个有限事实的无限模式。每一种事实都需要无限性来表达超越其自身限制的必要关联。无限性表达的是宇宙的一种视域。

重要性源于有限性和无限性的结合。"让我们尽情吃喝吧，因为明天我们就要死亡！"这种呼声表达了纯粹有限性的琐碎化。神秘、无效、麻木的状态表达了纯粹无限性的空虚。那些强调无限性而牺牲有限的历史变化的神学家使宗教起了坏作用。之前我们在对于心智的讨论中，运用了三组反义词：清晰和模糊、秩序和混乱、善和恶。我们会很自然地将清晰、秩序与善联系起来；而将模糊、混乱与恶联系起来。例如，在推荐信里面，"她的思想清晰而有序"被认为是褒奖；而"她的思想模糊而混乱"则被认为是批评。这种判断的原因是，清晰和有序能够使其拥有者处理预见的状况，是维系现存社会情境的必要基础。但这远远不够。超越单纯的清晰和秩序是处理未知事件、产生进步和激励所必备的。若完全受到结构的桎梏，生命就会退化。对于探索新事物而言，将经验中的模糊和混乱的因素结合起来的力量非常重要。

对于宇宙的理解植根于这种进步的内涵。离开了它，创造就会变得无意义，不能产生变化。时间就不适用于事物的静止本性，存在就再无意义。而宇宙则退化成静止无用之所在，没有了生命和运动。

在欧洲哲学思想史中，在伟大思想家的历史中，人们在这个问题上却产生了一种奇怪的动摇。对生命和运动的呼吁与预设永恒不变的最高实在交织在一起。人们认为不变的秩序是最终的完满，因此，历史性的宇宙沦为局部的现实，成为单纯表象的概念。结果，我们摒弃了经验中最为明显的特征，让其成为形而上学体系的从属。我们生活在一个动荡的世界中。哲学和受正统哲学影响的宗教不接受这种混乱，这是疲累颓废的结果。我们应该谨防那些表达了社会缓步衰落阶段的主流情绪的哲学。罗马帝国的衰落和东方文明的退化对我们的哲学思想遗产产生了不良影响。它表明前三千年进步文明已竭尽。我们需要更好的平衡，因为文明会经历起伏。我们需要哲学来解释秩序诸类型的产生、类型之间的转变，以及在经验中自明的、善恶混杂的宇宙。这样的宇宙即是重要性之所在，而凝滞不动的宇宙至多会成为空洞评论、纯粹思维游戏的主题——仅此而已。

仅强调明确体验事物的特殊方面，这种做法虽推动了科学的发展，但也阻碍了哲学的进步。以公元前 4 世纪数理科学的兴起对欧洲思想的影响为例。数学所研究的是在当时既没有引入转化意义，也没有引入创造意义的概念。希腊数学的唯一内容就是数论和几何。

无须深思具有这些特殊数学形式的科学所产生的重要性。科学改变了文明，但对希腊思想的影响是极其复杂的。在希腊人对于科学的理解中，转化概念尚隐藏其后。每一个数字、比例和几何形式都是静止的。数字"十二"（在他们的概念中）与创造无关；"六比二"和圆形的几何形式也同样如此。这些理想形式对于他们而言是静止的、自在的、自立的——每一种都代表着其本身特有的完满。希腊思想对于基本数学概念的反应也是如此。人类心灵为这种对于永恒性的窥见所倾倒。其结果就是希腊哲学——至少是其中影响最大的学派——将终极现实伪装成恒相互关系的静止存在。完满与转化无关。在变化的世界里，创造只是静止的绝对的附属品。

8. 希腊黄金时期的这股推动力对后来的欧洲思想有三大影响。首先，哲学化神学继承了静止的绝对存在，将其作为一个首要前提。

其次，由抽象对象组成的结构。例如，数学概念和构成模式所包含的一切概念，都被赋予了一种显著的实在性，而撇开了将其表现出来的个体结构。

再次，这些抽象结构被认为与创造完全独立，而这是在它的本性之中的。过程就此失落。

最终结果就是，哲学和神学背上了这样一个包袱：如何从静止的终极实在中推演出变化的历史世界。这损害了我们的整个知识观。终极智慧被勾勒成对于静止极限的冥思。从行为中抽象出来的知识被尊崇，而行为因此被认为与影子世界相关。柏拉图的演讲"善"中强调数学，正象征着这种一直困扰着哲学的态度。

在那个时代，数学是静止宇宙的科学，将任何转化都看作是静止形式的转化。当今，我们会去思考转化的形式。近代的无穷级数即是一种转化形式的概念。换句话说，这个形式就在于级数序列作为一个整体的特性。级数和的概念就是由这种转化形式所表达的最终结果。

这种过分关注静止形式的扭曲态度一直困扰着哲学界，但并非所有哲学都受它的笼罩。哲学传统中的杰出人物之所以取得卓越地位，并不只是靠拥护自己的一套哲学体系。体系化思想能够明晰洞察力，并将注意力导向例证个别体系经验的各个方面。但是，宇宙是超出我们的有限理解力的。我们从伟大思想家中汲取营养，而他们的洞见超出了他们自己的体系。我们用他们的名字来命名那些不精巧的思想方法，但他们本人的陈述是很难框进去的。例如，一位将不变的数学实体视为最高实在所特有的成分的哲学家却会在别处断言"生命和运动"属于实在的本质特征。于是，他因此提出将问题"事物是如何发生作用的"作为理解事物如何存在的一种方式。同样，另外一位将经验材料中的联系归结为感受材料的单纯连续的哲学家同样诉诸"期望"（expectation）这一事实。这种从连续中派生出期望的做法对于休谟来说是可理解的，尽管他自己的体系没有说明这一点。我们不是体验单纯的连续体，而是辨别出连续的形式。关于形式的预设不仅困扰着哲学思想，也支配着我们的日常经验。

柏拉图和休谟向我们阐明，体系对于理性思维至关重要。但是，他们同样认为封闭的系统意味着鲜活理解力的死亡。于是，他们在解释中便游离于一切体系之外。因此，他们在按照自身的规则阐明我们的基本见解是清晰与模糊的综合体。清晰的明确焦点逐渐隐入纯粹外在的、黑暗的模糊环境中。局部理解的连续形式隐约地揭示了经验中的这种环境。

9. 我们要理解静止形式的单纯存在是如何需要将自身投入变化着的历史性世界的创造中去的。存在一种创造形式。我们要理解宇宙的统一性是如何需要杂多性的，也要理解无限性是如何需要有限性的。

我们要理解，每一个当下展现的存在是如何需要其过去和未来的：过去先于自身存在，而未来是自身存在中的基本因素。因此，每一个时刻的存在中都包括三个因素：过去、现在和未来。依此，有限存在的即时性中会保留作为视域延展的无限性。

同样，我们要理解单纯的事实性如何保留其与超越自身现实性的各种可能性之间的关联。具体实现（即历史事实）的特征充满着各种可能性，这个特征排除了不同的关联类型。在当下展现的现实中具有过去的各类特征，一部分被重现，一部分被排除；也具有当下并存的其他事实的特征，一部分被分有，一部分被排除；同时还具有未来的可能性，一部分做好准备，一部分被排除。若摒弃了与过去、共存的当下和未来之间的关联，摒弃了与保存或破坏创造形式之间的关联，这种对于当下事实的讨论便让宇宙失去了基本的重要性。若缺失了视域，便只剩下琐碎。

例如，在音乐厅中，在即时的现在中存在即时的音量，存在支配随后各个体验时刻的交响乐形式，存在让这种交响乐得以上演的创作天才，存在创造力天才（管弦乐队、指挥家、作曲家）的杂多性，存在在当下实现的静止形式的杂多性：乐器的形式、管弦乐队的空间分布、每一时刻声音的数学分析、乐谱。最后，留给我们的是四种描绘经验的主要模式。首先是审美经验内部的三个方面：天才感、启示感和挫败感。第二是事实性的三个方面：统一性经验、杂多性经验和转化经验。

第三，我们发现了三个分类的基本依据，即清晰与模糊、秩序与混乱、善与恶。

最后，蕴含于创造过程的存在包含两种终极类型。一是各种永恒的形式，以及它们的对偶存在，即潜在的欲望和实现的事实。二是实现的现实，以及它的对偶存在方式，即蕴含于当下的过去，以及直接感受的当下。此外，直接感受的当下中又蕴含着朝向未实现之将来的欲望。思想家如何对待这四种经验模式，这一点奠定了他们的哲学形态，以及思维对实践生活的影响。

第五讲 过程的形式

1. 在这一讲和下一讲中，我们先来探究一下历史性的世界中各个构成所展现出来的多样的统一体模式。这些模式的例证包括脉搏、分子、岩石、植物生命，动物生命、人的生命等。在之后，我们会涉及相对模糊的统一体模式，如最广义的社会学、自然规律和时空联系。

接下来，我们要讨论最终极的统一体模式，凭借它，潜在可能性的众多模式中出现了稳定的目的性，而有限的现实事物之外也才有了重要性。换言之，有限的重要性为什么需要无限的重要性呢？

关于这点，笛卡尔提出了完满 (perfection) 这个概念。他选择的这个概念太过于局限，模棱两可。他在讨论中陷入了一个错误前提，即那种静态的、存在的、终极的完满构成了这个与人类经验相关的重要性概念。他本应当采用一个更广泛的重要性概念。在何种意义上存在"宇宙的重要性"？"有限事物的重要性"是否包含了"无限事物的重要性"呢？

2. 需要指出的第一点是，当我们从较小的构成单位过渡到较大的构成单位时，发生了由偶然性到必然性的转化。一篇演讲中的一个简单句子内存在很大的偶然因素。而演讲者撰写讲稿时，整篇必然在一定程度上反映着他的性格，这种性格是由其全部生活的社会条件所塑造的。这些条件倚赖于历史时代，而这个历史时代则是从地球生命进化中衍生出来的。经验表明，地球生命依赖于我们在处于时空的星系中各处观察到的同样的秩序。自然规律是一些在长时段里恰好有效的活动形式，我们只是模糊地将这些形式辨别了出来。这里便产生了一个问题。在大范围的时空中存在的秩序形式始终存在。本质上，这些形式并非必然。但是，经验的重要性要求秩序需具有充分的稳定性，这一点是必然的。彻底的混乱等同于彻底的破坏。然而，历史的转化呈现出秩序形式的转化，一个时代让位给另一个时代。如果我们一定要参照前一个时代的秩序形式来解释这个新时代，我们所看到的就会是一团混乱。同样，非此即彼的界限也是不存在的。总是有些秩序形式居于统治地位，而有些遭受挫败。秩序从来都不是完全的；破坏也从来不是完全的。在占统治地位的秩序内部存在着转化，在各种新兴的统治秩序内部也存在着转化。这种转化破坏了当下的统治状况。然而，这正使得振奋生命、充满活力的新事物得以实现。

生命的本质要到既有秩序的破坏中寻求。宇宙不接受"完全符合"带来的死气沉沉。宇宙朝向新秩序，这是一个具有重要性的经验的基本要求。我们需要解释为何要以秩序形式为目标，为何要以新秩序为目标，还要解释成功和失败的衡量标准。我们对历史过程的这些特征有了初步的了解（尽管这些理解也很模糊），除此之外，我们在经验中是感受不到理性因素的。

由于预设了静止时空是必然的，秩序是物质性的，西方哲学的发展受到了阻碍。近两百年间，科学知识的发展完全推翻了这些必然性预设赖以建立的所有基础。但是，这种预设仍残存于一些科学理论体系中。即使在表面上否定这种预设，这些人仍私下里承认其存在。在当今文献中，我们发现有些人拒绝违反自然秩序，否认任何支持这种违反的理由，也拒绝从哲学上证明他们的这种否认态度。

我们必须解释趋向秩序的这种潮流，秩序是对经验最有力的拯救。我们还必须解释为何破坏秩序，以及为何任何具体秩序形式中缺乏必然性。

3. 首先，我们必须探究"过程"（process）这个概念。只有分析了材料、形式、转化、结果的相互交织，我们才能摄入这个概念。过程带有一种节奏感。借此，创造活动发生自然搏动，每一次搏动便形成了一个历史事实的自然单位。通过这种方法，我们就能够从互相联系的宇宙的无限性中依稀辨认出有限的事实单元。如果对于现实事物而言最基本的因素是过程，那么每一终极个体事实都一定可以描述为过程。牛顿描述物质时把物质从时间中抽象出来，把物质描述为处在"某一瞬间"。笛卡尔也是这样描述的。如果过程是最基本的，那么这种抽象就是错误的。

材料（data）、形式、转化、结果相互交织，这是每一个事实单位所具备的特征。现在，我们需要更详细地来考察。但我们必须先进行严格的抽象。在历史性的世界及其形式领域中，每一个事实在得到充分实现后都具有无限多的关系；这些关系即是这件事实的宇宙视域。我们只能选择其中极少量的关系加以思考。若要充分理解这些抽象出来的关系，我们必须依据这些关系所具有的无限性。我们的经验远多于能够分析的部分。因为在体验宇宙时，我们在意识中分析的只是其细节中极少的部分。

现实事物的任何一次搏动的材料，都包含了与之相关的先前宇宙的全部内容。从细节的杂多性来看，这些内容就是这个宇宙。这些杂多性是先前的搏动；在事物本性中还藏有各类形式，它们或已实现，或作为潜在形式有待实现。因此，材料中就包含现在已有的、现在可能已有的、潜在可能有的东西。在这些词汇中，动词"有"(be) 指的是与历史性的现实事物相关的某种模式。

这就是材料。从这些材料中产生了一种过程，具有转化的形式。这一过程单位是尚在探讨中的现实事物的"貌似真实的现在"（specious present）。它是一种构成（composition）、分级、排除的过程。在成为现实的过程中，每一细节都需参照其他细节进行自我分级。任何因素若要起作用，都需要排除材料中的一些成分，因为这些成分不能与过程中起作用的那个细节相协调。既然排除是一个积极的事实，那么排除掉的材料作为背景就为整个搏动添加了一种节奏感。我们只有认识到历史事实避开了什么以及这种逃避具有狭隘性时，才能理解任一历史事实（无论它是个人的还是社会的）。我们只有参照西班牙的两次失败经历（19世纪试图统治加利福尼亚和16世纪试图统治英格兰），才能完全理解欧洲人在北美的那段历史。

一切现实性都包含了从现实材料派生出的形式的实现。现实性既是各类性质的构成，也是构成的一种形式。构成形式决定了在材料中实现的那些形式如何进入构成的有限过程中，并因而成为具有自身例证和排除对象的新现实。有一种过程形式是拿来复杂的材料形式，然后把它变成新的现实。但任何现实都不是静态的事实。现实性的本质是宇宙的历史性。我们只有在构成未来的积极材料内才能理解完整的事实。

当我们认为所考查的过程已完成时，我们就已经在分析一种为其他创造而存在的积极资料了。宇宙并不是一个用玻璃柜陈列标本的博物馆，也不是一支训练有素、步伐整齐地行进的队伍。近代科学虚构了这些概念——当然，如果恰当地理解这些概念，它们还是非常有用的。科学的研究对象是显著的、均一的影响，这在特定观察模式中很重要。但是，在人类思想的历史中，随着我们对相关细节知识的爆炸性增长，任何科学结论都免不了要修改。

4. 为了考察转化形式的概念，我们将要深入探究其中最简单的一个例子。我们认为，算术是关于过程的各类特殊形式的。我们应在此反驳"重言式"或者同义反复这个流行概念。试想，将两组东西合并为一个，每组里面都有三个，也就是三重性（triplicity）。那么，"二乘以三"的概念在本质上就是过程，表达了过程的特殊形式。这个形式的特性来源于两方面。一方面是在合并过程中，两组东西里面都有三个。某种个体性（individuation）原理支配着一切组和一切合并过程，根据此原理，我们可以得出这个三重性。这样就出现了两个组合并为一个的过程。我们现在是从数字的角度来考虑组的特征。如果认为同样的合并过程已经在"六"这个组里存在了，哪怕上面讲的原理依然适用，那也是不正确的。

试以水滴为例。每一滴水的外层都有表面张力。假设有两组水滴，每组三滴。将两组水滴融合时，既可能结合为一滴，又可能打散而成为五十滴。若以"二乘以三"作为预设，这个过程通常是不会破坏个体性的相关原则的。但我们很难清晰地解释"个体性原则"的含义。一个医生开了一剂两茶匙药量的处方。实际上，甜品匙的药量也是一样的。因此，茶匙的实际个体化可能并不重要，或者可能就没有实现过。

"二乘以三等于六"这个叙述参照的是一个没有具体说明特征的持续原则，我们假定在合并过程中这个原则是保持成立的。"二乘以三"这个短语指的是一种遵守个体性原则的合并过程的形式。更广泛地说，这个算术词汇所涉及的是过程的一种特殊形式，得出的组具有某种特定的算术特征。这个过程具有严格的形式，在上述情况下会得出一个具有如此特征的复合实体。

很抱歉，我用了这么长的篇幅来强调这种琐碎的问题。也许你们中会有人认为，我在反对一种流行的信念。这种近代流行起来的理念认为，"二乘以三等于六"是重言式。也就是说，"二乘以三"所表达之意与"六"相同；因此，这句话中没有新的真理出现。我认为这句话所考虑的是过程及其结果。当然，一个过程的结果超越了自身过程的材料。但是，这个抽象表达"二乘以三等于六"中，"二乘以三"表达一个流畅的过程形式，而"六"则表达完成了的事实的特征。

我们在解释语言和符号时很天真，忽视了含义之间的细微差别。如果我们说"六不等于七"，那么我们就否定了"六"和

"七"的同一性。在这个短语中,"等于"这个词表示同一性。如果我们说"二乘以三等于二加四",我们表示的就是,两个不同的过程产生了同样数字特性的合成体。"等于"的含义,或"是"的含义在每个例子中都不同。我想说的最后一点是,数学所研究的是某些特定的过程形式,这些形式能够得出另外的一些形式来用作下一个过程中的成分。第四讲中我们提过,"过程形式"这一概念体现在了数学里面"无穷级数"的概念里。

绕了一个圈子,我们又回到了柏拉图。因为他的永恒数学形式在本质上是与过程相关的。当他提到"生命和运动"的必然性时,即是在陈述他自身的理念。但是,他只是偶尔提到这一点,主要倾向还是把过程视作单纯的表象,把绝对现实视作与转化无关。对他来说,在这种情境下,数学属于稳定不变的永恒,于是他就接受了"重言式"。

5. 要解释存在类型的本质,我们只能按照它在创造活动中所表达的含义。这种活动本质包含三个因素:材料、与这些材料相关的形式的过程、作为进入下一个过程的材料的结果——材料、过程、结果。

另一种做法是将宇宙归结为一种空洞的重言式绝对,而"生命和运动"只是梦幻。与所有发现一样,数学的发现不仅推动了人类理解力的发展,而且产生了新的错误模式。数学的错误就是引入了"形式"这个理念，却排除了"生命和运动"。

　　古希腊哲学家们提出"最高实在"的时候，他们是受到了数学的影响。当时，思维活跃的希腊人与埃及人进行了沟通，数学刚刚发展起来。希腊人误解了各种数学概念之间的关系。实际上，一切数学概念都是与合并过程相关的。数的概念本身所指的就是从个别单位到复合集合的过程。得数不属于任何一个单位，而是描绘了获得集合单位的模式。因此，我们甚至不必将"六等于六"这个陈述看作是单纯的重言式，而是将其理解为：支配一种特殊结合形式的数字"六"产生了作为下一步过程的材料的数字"六"。作为单纯静态数字的实体已不再存在，只存在从"世界－过程"（world-process）中抽象出来的各类过程里发挥自身作用的数字。

　　因此，"世界－过程"的概念可理解为"过程全体"的概念。我们必须把最高存在的概念运用到构成过程的现实中，即运用到不局限于历史领域中任何特定时期的材料的现实中。这个概念所具有的概念指向的无限性是其现实的基础，而此种概念指向与从"世界－过程"中摄入的材料之间的合并产生了过程形式。在世界中，这个概念一直以生动的经验为目标，积蓄潜在可能性，融合为现实。过程的形式与产生过程的材料相关，而结果是产生统一的构成，在未来的历史性世界中作为材料发挥自己的作用。

　　我们的经验材料分为两种：已实现的事实性、事实的潜在可能性。可能性可进一步区分为两种：纯粹抽象的可能性，与材料或结果中实现的特殊关系无关；与实现紧密相关的可能性。后者是动因，支配构成形式来产生结果。这种支配产生了一种具有活力的规定性，材料据此得以保存或丢弃。

　　只要材料存在广泛的相互符合（conformity），具有活力的构成形式就能够将这种符合转化到结果中，以此来保留对于未来的符合。在此，我们拥有的是在小幅度变化中维系大范围符合的基础。行星、岩石和生物都见证了这种广泛维持的符合性；但同样，它们也见证了这种维系的偏狭性。在已实现的现实中，没有任何东西完全符合之前的自身。在已实现现实的领域中，这种自我同一性（self-identity）是偏狭的：它适用于某些目的，支配着某几类过程。但是，在其他过程类型中，差异是很重要的，而自我同一性则是一个有意义的、虚构的神话。例如，就继承现实的遗产而言，一个三十多岁的成年人与出生不到十个月的婴儿基本上是同一的；但是，若驾驶一艘游艇，成年人则与孩童有着本质区别，同一性由此退化为一种形而上学的无关联性。只要保留同一性，自然规律就自然存在。只要同一性衰减，这些规律就会更改。但是，更改本身也可能是合乎规律的。个体的变化中也可能会显示出一种变化规律，例如，从幼年到成年动物的改变。然而，这种变化规律自身也会改变。例如，物种的兴衰、文明的起落、天体的形成。

在上述任意一个例子中，随着变化的出现，新的存在类型也可能会出现，并受到产生于新环境的新自然规律制约。换言之，材料、过程形式、产生新材料的结果都依赖所处的时代以及支配那个时代的过程形式。

任何过程形式的反常动荡所引起的情感动荡都是引人注目的。人类已接受了缓慢的渐变，但对于人类经验来说，如果发生了突变，人的本性就会陷入歇斯底里的状态。例如，狂风、暴雨、地震、社会革命、重病、烈火、战争都是会激发人类特定情绪反应的情境。我们有充分的理由解释这种突变的强烈反应。我认为，这既展示了我们对规律秩序主导地位的情绪反应，也展示了我们对这种秩序遭到破坏时的反应。当重大变化发生时，我们有时如登九天，有时如坠地狱。

6. 人们一直太注重单纯的材料和结果了。存在的本质在于从材料到结果的转化，这是自我规定的过程。我们一定不能用被动的形式来理解死板的材料。材料将自身信息传递到过程中，并支配其形式。我们一定不能只关注结果。存在的直接性处于流变之中，生命的生动性寓于转化之中。生命具有的形式以获得结果为目标。现实的本质以自我成就为目标。

在这几讲中形成的一个主要理念就是，从任何一种意义上而言，都不能从"过程"中抽象出"存在"。过程和存在的概念互为前提。从这个论点得出的一个推论就是，过程中"点"这个概念是谬误的。在这里"点"概念指的是，过程可以分析为终极实在的构成，而在这些构成中是没有过程的。

例如，时刻这个概念不包含任何时间的延展——比如说，某一天的中午。这样的概念是点概念，缺失了过程。同样，另一个例子是空间中的一个点。反之，空间的延展是转化的幻影，只有通过某种转化过程才可体验到。在近三十年，凭借某种比较朴素的光学理论，这条真理征服了近代物理学。

这些特例之中蕴含的基本原则是，这两个错误概念——缺失个体的过程和缺失过程的个体——永远不能彼此协调。如果你以其中一个错误概念作为开始，就必须认定另外一个毫无意义。

正如算术中详细阐述的那样，数字这个概念一直受到这种偏见的影响，引发错误的分离。每个单独的个体都是没有数字可言的；而一个静态的群组是由数字来刻画的。按照这种模式，我们在进行算术研究时可能缺失了过程，因此数学一直被看作一种为虚妄的形而上学充当避难所的测试场。

当柏拉图思考数学时，将其设想为一个无变化的形式世界，并将其与变化世界中的模本相对照。然而，当柏拉图思考活动的现实事物时，又趋向于相反的观点。他借助"生命和活动"将形式从空洞无意义中拯救了出来。

在这几讲中，我采用了柏拉图的后一个理论，即关于"生命和活动"的。合并的数学模式，例如"加法""乘法""级数"等都被解释为过程的形式。"多重性"这个概念本身就被解释为对过程形式的抽象，借此，材料获得了进入新材料的一种统一性。

7. 过程和个体性相辅相成。如果彼此分离，所有意义就会消失殆尽。过程包含个体，过程形式（或者换言之，欲望）从个体中获得特性，并且只能从过程的角度来理解个体的特性。

这个理论中的一个难题是，如何证明关于推理的某种一般性概念呢？如果过程依赖个体，那么不同个体的过程形式也不同。因此，对于一个过程的描述不能适用于另一个过程。对于包含在不同过程中的个体的同一性概念，也存在同样的困难。我们的理论看起来已经破坏了理性（rationality）的本质基础。

关键在于每一个体事物都会影响自身所参与的过程，因此，不能脱离具体事物而去探究过程。反之亦然。所以，逻辑和数学中的绝对普遍性就消失了。同样，归纳法也无从谈起。因为换一种情况可能会产生其他结果。

为了研究这个问题，首先需注意这个问题很难与常识保持一致。学科划分就证实了这一点。没有人会为了欣赏莎士比亚的十四行诗或巴赫的赋格而研究地质学。地质学的研究范畴与十四行诗或赋格大相径庭。因此，一篇地质学论文中所讨论的相互关系与在一首十四行诗或赋格构成揭示的相互关系会大不相同。但是，的确也存在些许类似之处。有时这些类似之处还很重要。例如，古希腊人发现了弦长与曲调和谐之间相类似，以及数学比例与结构美感之间的相似性。

因此，因多样化而产生的差异并不是绝对的。类比（analogy）寓于多样化之中。理性主义的方法就是讨论类比。理性主义的局限性在于存在不可避免的多样性。我们可以将文明思想的发展描述为在多样性中对同一性的发现。例如，几天和几条鱼在数目上具有同一性。

若要全部理解世界，需要从其内个体的同一性和多样性角度分析过程。各类个体相互联系，形成共同过程，共同过程的特征反映了各类个体的特征。我们无论从哪一端出发都可以。也就是说，我们可以先理解过程，然后研究个体的特征描述；或者我们先描绘个体特征，并将它们视作相关过程的构成部分。实际上，两者的差别只在于研究重点的不同。

但是，这种抽象的可能性产生了一种作为所有思想基础的根本直觉，借此，我们可以单独研究个体和构成这些个体存在的过程形式。从个体事实经验到性质概念的必然过渡中存在这种直觉。接着，我们研究寓于一系列事实中的稳定特征；然后是某一给定序列的各个事实的局部同一性；进而研究维系这种局部同一性所需之事实的潜在可能性。

换言之，只要我们运用抽象来分离序列形式和所包含的个体事实，就必须引入潜在性概念：即序列事实的潜在性和事实序列的潜在性。我们所有的知识，都是去构想序列和个体事实之间存在的各种可能的、相互适应的情况。从结果而言，这些事实与连续形式是一致的。我们在考虑个体的可能性与序列的可能性。单纯的即时例证仅是我们经验的一部分。

8. 只要承认了过程的概念，那么理解存在的根本就是潜在性概念了。如果从静态事实的角度来解释宇宙，那么潜在性就会消失。一切是其所是。连续仅仅是由感知的局限性而产生的表象。但是，如果我们认为，将过程作为起点是最基本的，那么当下现实的特性就会从过程中得来，而这些特性也会被加之于未来。即时性实现了过去的潜在可能性，蕴含了未来的潜在可能性。希望和恐惧、喜悦和幻灭都从事物本质中极其重要的潜在可能性中获得意义。我们追寻希望的痕迹，逃离恐惧的追逐。当下事实存在的潜在可能性构成了过程的驱动力。

在此，我们必须停止讨论了，因为说得有点过头了。宇宙的本质不只是过程。伟人们绝不会相信缺失了过程的形而上学理论，除非这个理论表达了我们经验中的某个根本方面。例如，牛顿推崇绝对空间概念，这可能是错误的。但这个信念仍然证明了一个对他而言很明显的事实，即过程概念不适用于宇宙中的某些要素。至少在他看来，历史性的实现中空间关系的潜在性是一个与时间无关的事实。他没有这样说。这种表述会削弱他对空间独立实在性的信念。

但是，我们可以这样表述，相互关联的形式与当前历史时期之间存在强烈的相关性，例证之一就是空间关系概念。这个概念同样阐明了归纳法依据的主要原理，即过程形式主要源于相关的主要事实，借此自我维持和支配未来的现实。这就是潜在形式的可变关联理论。因此，培根和牛顿的信念中隐含着当下的潜在性理论，这个理论描绘了未来实现的特征。形式的意义就在于在当下具有双重性：形式描绘了当下的特征，并依此塑造了未来的过程形式。

必须要再补充两个人物：柏拉图和莱布尼茨。柏拉图提出了最高的形式世界，而莱布尼茨提出了各自具有过程形式的单子。莱布尼茨的理论很易使人想起笛卡尔的解析几何学。在解析几何中，每一条曲线都用一个作为曲线描述形式的代数方程式来表示。它的难点在于将静态形式与动态过程联系起来。类似的难点存在于将静态的即时事实，与具有过去和未来的历史过程相联系。进一步的问题是表达事实之间的相互关系，其中每一种关系都是自足的（self-sufficiency）。每一个事实如果都仅是这样限定了自身的事物，那么事实之间如何相辅相成？归根结底，每一个即时事实都具有潜在性。那么，一个事实在何种意义上能够具有这种作为形式实现能力的潜在性呢？换言之，形式的实现若与其他情境中其他形式的实现相关，那么这种实现如何将这种相关性包含在自身的本质中呢？

上述列举的问题是经验常识的概括推广。这些问题所表达的不过是在经验的每一刻，我们的生命一定对我们意味着什么。正是这个原因，语言不能用来分析这些问题。我们不必相互指出存在的必然性。语言已经预设了必然性，然后把重点放在偶然性上。我们很少提及什么事情必然存在，而是提到什么可能不存在。哲学讨论的全部困难在于语言的这种无力感。上一代人用英文撰写的一部哲学著作，名为《空间、时间与神》。塞缪尔·亚历山大用这些词向我们呈现了一个困扰人类严肃思想的问题。"时间"指的是过程的转化，"空间"指的是每一种相互交织的存在形式所具有的静态必然性，而"神"则表达了一个诱人的理想：超越当下事实的潜在性。

9. 除却了时间，目的、希望、恐惧和能量都失去了意义。如果没有历史过程，任何事情都仅仅是其本身，一个单纯的事实而已，丢失了生命和运动。除却了空间，就不存在完满，空间表达了成就的停顿，象征着即时实现的复杂性，关乎完成的事实。从时间和空间的角度看，宇宙包含了转化的本质和成就的获得。转化是真实存在的，成就也是真实存在的。语言的困难就在于不及其余。

最终，神作为宇宙中的一个要素而存在，借此产生了重要性、价值和超越现实的理想。正是通过于空间的即时性与神的理想之间的关联，引发了超越自身的价值感。超验宇宙的统一性和实现了的现实事物的杂多性都因神的这种意义而进入我们的经验中。除却这种超验价值感，现实的他在（otherness）将不会进入我们的意识中。超越我们自身的价值必定存在。否则，每个体验就不过是在唯我论（solipsist）存在模式中的一种空洞细节。我们之所以要有神，是因为世界中的现实事物在表面上如此繁杂；之所以存有实现了的价值，之所以朝向超越现实的理想，则是因为世界在表面上的统一。

因此，空间、时间和神是普遍的词汇，用来阐释三类反省概念。从这些概念的角度来理解事物的本质体现了人类与其他动物之间的区别。这种区别并不是绝对的。种种迹象表明，在对即时事实的即时承受之外，高等动物还具有理解和信念。同样，每一个人的生命主要是从此即时性到彼即时性的无声历程，缺乏高级反思。尽管我一直强调动物生命和人类本性的类似之处，但是两者在反思经验的影响方面仍然存在很大的差距。这种反思经验具备三个主要特征，三者之间相辅相成，构成完整意义。空间经验，即联结的经验。时间经验，即相继的经验。

此外，还有神的经验，即关于理想（接受的理想、指向的理想、达到的理想、破灭的理想）的经验。这个终极经验所产生的相互交织的成功与失败是至关重要的。由此，我们体验到一种与宇宙，而非与自身的关系。我们实质上是从"我们不是什么"的角度来衡量自身的。这种唯我主义的经验无所谓成功或失败，因为它即是一切存在，没有比较的参照。而人类经验显然是将自身与一个外部标准联系起来的。因此，我们认为宇宙包含一种理想的来源。

这个来源就是神，蕴涵于即时经验中。历史重要性的意识是这样一种直觉：宇宙是一个永恒存在的过程，永远保持着各个理想之间的神性统一。

因此，在神和历史过程中存在着一种本质的联系。鉴于此，我们产生过程的形式不需要完全依赖过去。随着时代在徒劳和挫败中衰退，包含新秩序的其他理想中会产生新的过程形式。

科学从以往成就的各种形式中探究过去，预测未来。但是，当现在开始自我破坏，打破继承而来的重要性模式的时候，神的影响就在历史过程中注入了新目标，达到其他理想。

　　科学所研究的是过去转化的事实。历史将目标与理想联系起来。而在科学与历史之间是神的推动力。死板的科学事实之所以转化为鲜活的历史，正是由于宗教在世界中的推动。鉴于此，科学永远不能预知历史上层出不穷的新事物。

第六讲　文明的宇宙

1.在这一讲中，我们要寻求宇宙这一概念的证据，证成理想这个描述人类文明的标志。

我们已经假定，很多现实事物、它们在历史进程中的协调形式、各自的重要性、宇宙统一性中共同的重要性，都是具有自明性的。正如前几讲所讨论的那样，我们必须明白，自己不是从界定明确的前提出发来进行论证的。哲学是探索前提，而不是从前提演绎。演绎的目的是通过结论来验证起点。

专门学科采用了哲学的前提，并通过专门问题的形式加以简约，从而使其清晰。同样，即使在局限于专门主题的演绎中，演绎逻辑中也不存在绝对的确定性。由于预设了指定主题之外的一切是无关的，因此前提就预设了它的清晰是有限的。我们按照其个体孤立状态下的简单性去设想这些前提。但是，演绎过程在推出前提的构成这一过程中，是否与从初始论题抽象出来的内容相关，这就不能用逻辑来验证了。我们永远不可能充分确定不同视域的相互一致性。

科学冲破了自身假设的束缚，这样的例子在科学史中比比皆是。近半个世纪以来，人们认为即使在算术中运用的纯粹抽象逻辑，也有必要引入类型论来纠正原假设中的疏漏。

因此，演绎逻辑并没有我们惯常赋予它的绝对地位。在运用于具体情况时，演绎逻辑是一种试验性的步骤，最后需由其结果的自明性来判断。这种理论将哲学置于实用主义（pragmatism）的基础上。不过，我们必须广泛地拓展"实用主义"的含义。在许多当代的思想中，它都被限定地理解为任意的、专门的假设。但是，教条的否认并不能证明实用主义就排除了自明性。实用主义所诉求的仅仅是在文明的经验中自我维系的那种自明性。因此，实用主义最终诉求的是文明的普遍自明性，以及我们通过"文明"所意指的事物的自明性。

在我们结束对演绎逻辑的讨论之前，最好提及一下"变元"（Variable）在逻辑推理中的作用。在这种情况下，"变元"是用符号来代表的命题形式，表明这个命题形式本身是不确定的，可以替换成任意的具体命题。同样，变元虽然是不确定的，但在整个论证中仍然是同一的。这个概念最初是在算术中发挥了作用，用x、y、z这些字母表示任意数字。在亚里士多德的三段论中，它也有过初步的实现，例如，"苏格拉底"这样的名字表示"任何一个人，且在整个论证中指代同一个人"。

变元在推理中表示"任何一个"保持自我同一性的事物。例如，在基础算术中，当 x 首次出现时，它表示"任一数字"。但是，在推理过程中，x 的再次出现总是表明与首次出现的数字"相同的数字"。因此，变元是"任一"所传递的模糊性与一个具体指征的明确性之间的巧妙结合。

在通过变元向前推进的逻辑推理中，一直存在两个隐含前提。一个是当推理得出新的具体命题即推论时，表示具体命题的符号与推理过程中的同一符号意义依然相同；另外一个是当变元被某些明确的例子所替代时，每个变元的自我同一性也是保留的。在向新领域的推进中，自我同一性都不会完全保留下来。唯一需要考虑的问题是，这种丧失与论证的目的是否相关。某种意义上，婴儿和中年人是完全同一的，而在另一种意义上，他们又是相异的。那么，论证过程是会受到同一性的支持呢，还是受到相异性的损害呢？

因此，我们拒绝将演绎逻辑视为形而上学的一个主要工具。形而上学旨在揭示自明性。缺失了自明性，演绎推理就失效了。因此，逻辑预设了形而上学。

2. 我们将自身预设为现实世界中的现实事物，这样做的主要依据是什么呢？为了有效推断与我们自身相协调的现实世界，我们不可能从质化细节的纯粹主观经验出发。否则，"接受形式"

（form of reception）就不过是虚假的。换言之，接受形式被归结为一种对唯我主义存在的界定，描绘了个人关于质化模式展现的个体经验。接受形式是我们内部的一种活动，而不把我们记述为其他活动中的一种活动。它没有注意到我们将自身看作是生物界的生物。我们被单纯归结为外界表象的接收器。在这样的预设下，我们就没有洞察存在众多互相协调的现实事物的世界所需的材料。

在讨论我们的经验时，首先需要注意的一点是，我们对于质化细节的清晰意识中存在表面的可变性。"这"是红的，"那"是高声的，"另一个"是方形的，这种确定的意识是集中注意力和进行排除的结果。同样，这种意识不能永远维持，变异总是不时地闪现，并随着注意力的转向而变化。意识是一种持续转变的过程，从本质存在的整个过程中抽象出易变的质。意识有专注、强调的能力，但是如果我们忘记了背景，结果就会变得琐碎。

在质化细节上集中注意力可以产生关于这些细节的单纯的、连续的意识。例如，我们记录这样一个过程：先是红色与绿色的图案，接着是灰色与蓝色的图案，最后是清脆的铃声。这是一种质化的主观经验，别无其他。整体是无意义的。这是通过集中于意识的抽象而取得的一种明确体验。

但是，我们意识到的不能仅是清晰性，还有清晰的重要性，这需要我们根据那些隐约困扰着存在完整性的大量问题来解释清晰性。

近几个世纪以来的主流认识论之所以如此薄弱，原因正在这里。认识论将经验的完整性解释为对于感受材料初始清晰度的一种单纯反映。其结果就是将产生反应的材料局限于感受的材料。这种哲学思想的现代传人只能问出这样的问题：继红绿图案之后是蓝灰图案，而后又是清脆的铃声，人们对这种情况的情感反应是什么？答案是随便你。当然了，如果你是一名美国学者，那就跟着格林威治村和哈佛大学的潮流来反应；如果是英国学者，那就跟着布鲁姆斯伯里和牛津的反应。

换言之，我们把道德、情感、意向经验的大部分都当作琐碎和偶然。把大量经验的整体概念看作是对于清晰察觉到的细节的一种反映，这是不合理的。我们应该把关系反过来。细节是对整体的一种反应。这些细节会添加定义，引入判断力，让人高于动物、动物高于植物、植物高于矿物，其条件永远是，这些细节与其赖以产生的环境保持适当的关系。

当然，清晰的经验确实会引发更多的经验，原因就在于它的清晰性。但这种产生是次级事实，并不是整体的基础。走进房间时，我们本身就有积极的美学体验，于是会去欣赏家具的样式和配色。房屋的次级体验为已经具有的感受能动性增添了生动性和着眼点。

3. 我们存在的基础是"价值"（worth）感。价值实质上已经预设了有价值的事物存在。我在这里谈的价值不只是需要"弘扬"的那种价值。它是自在自证的，有着自己的特性。

细节的区分显然是一个次级过程，可能有重要性，也可能没有。区分的萌芽可能开出经验之花，但也可能开不出。模糊的决定是一种大范围的判断，即排除或者保留。现在还没有进入到分析细节的阶段（排除一些而保留另一些），仅有对于整体的大范围感觉——排除或保留。

同样，区分的最初阶段主要不是质化，而是对现实的模糊获取，具体可分为三个方面："整体"（The Whole）、"那个－他者"（That Other）以及"这个－自我"（This-My-Self）。

这是一个模糊的分类。整体感模糊化了自我和他者的区分。同时，这个分类基于将存在感视为一种价值经验。即，可将整体的价值经验区分为"这个"价值经验和"那些"价值经验。存在"多"成为"一"和"一"包含"多"的模糊感觉。同样，"一"具有两种意义，即"一"即是"所有"和"多"中的"一"。

这样描述的基础是我们的经验是一种价值经验，表达了模糊的保留或者排除感；这个价值经验从许多拥有价值经验的存在的意义层面将自身分化；这种价值经验的杂多感又进一步将其分化为价值经验的整体、众多其他价值经验和自我价值经验，即自我、他者和整体的感受。从存在进行排除和保留的角度而言，这是对它进行区分的模糊的、基本的表述。我们每个人都是"他者"中的"一"，我们所有人都被包含在"整体"的统一性中。

民主的基础是价值经验的普遍事实，而价值经验则构成了现实事物的各种推动力的基础本质。每件事都具有对于自身、他者和整体的某些价值。这描绘了现实事物的意义所具有的特征。由于这种构成了现实的特征，道德概念便产生了。我们没有权利丑化作为宇宙本质的价值经验。存在就其本性而言维系了价值强度（value intensity）。同样，没有任何一个单位能够将自身与他者、整体分离开来。然而，每一个单位都凭借自身力量存在，维系了自身的价值强度，而这种维系需要与宇宙共享价值强度。在任何意义上，任何事都有两面即个体自身和它在宇宙中的意义。两者互为对方的一个因素。

迄今为止，我们已经探究了经验的模糊基础。在动物经验中，随之发生了一种对于质的敏锐区分。视觉、听觉、嗅觉、味觉、触觉等感官经验被区分开来。同时，在每一种这样的质的内部也有清晰的区分。例如红与绿的区分、音符的区分、味道的区分。

随着将自身与价值感受的宇宙联系起来的清晰感觉产生，人类经验的世界得到了界定。

4. 我们现在要回顾一下之前的分析。很明显，我们已经完全颠覆了当下流行的认识论。这种理论在18世纪休谟的《人性论》中达到了顶峰，是根据我们经验中完全确定的因素构建起来的。毫无疑问，颜色和声音等感受材料确实存在。于是，我们假定它们就是基本的。

因为这些感受材料是源头，经验中的另外一些因素便被解释为派生的。情感、欲望、希望、恐惧、爱恨、意图和回忆都只不过是感受材料。除却感受材料，它们就不复存在了。

这一讲中否定了这个理论。裁定的方式只有一个，那就是诉诸经验的自明性。在休谟的《人性论》中，他将这种诉求作为建立自身理论的基础。

与休谟对于经验的解读相反，我们需注意的第一点就是，感受材料是我们生活中最易变的因素。我们可以闭上眼睛或永久失明，但我们依然活着。我们可以失聪，然而我们依然活着。我们几乎可以任意变化或变更这些经验细节。

其次，即便在一天之中，我们的经验因其对待感受材料的模式不同而发生变化。我们清醒、打盹、沉思、入睡。就清晰性而言，我们对待这些感受材料的模式中没有什么是基本的。同样，在生命进程中，我们孕育于子宫中，继而躺在摇篮里，随后我们逐渐获得知识，将自身基本经验与新获取感受资料的清晰性相关起来。

再次，人类仅是万千存在中的一个物种，世间还有动物、植物、微生物、单细胞生物和无机活动。在科学发展初期，人类考察自然界时把它分成各个种属，相互之间存在不可逾越的分隔。当今，进化论盛行了起来。我们毋需认为这个理论蕴含了向上的进化。我们需要观察的是种属间的历史转变。各类动物的质化体验似乎存在极大的差异。在某些方面，它们比人类的感觉更加敏锐，例如，狗的嗅觉。在其他方面，我们有理由认为低级有机体的经验还是模糊的。然而，这些组织还是会对外界做出反应。

换言之，对环境的反应与感觉经验的清晰度之间并不成正比。任何一个关涉这种无关联性的理论都会毁灭整个现代自然科学。反应具有原发性，并不依赖感受经验。

现在将论述限定于人类经验，这是我们可直接获知的。这些经验的高低并不简单倚赖于感受经验清晰与否。有些动物往往比人还要敏锐——猎狗的嗅觉、鹰的视觉。

人类在感受经验方面并不占优势。直接、生动的清晰性在感受经验中并不占主导地位，其目的是为了掩盖现实结构中包含的无限多样性。感受经验是一种抽象，引出、激发了现实事物的完整性，提升了重要性。但是，因此而得到的重要性并不只是一张红、白、蓝的颜色表，而是包括隐含于现实有限性中的无限性。

5. 笛卡尔通过完满这一概念来证明上帝的存在，他继承的传统可追溯到哲学起源之初。他的论证不能成立，因为他将上帝从历史性的宇宙中抽象出来了。所以，这个结论所倚赖的是关于未知世界的无意义话语。我们自身和诸种关系皆处在宇宙之中。

哲学的出发点是规定经验的某个方面，这个方面最能充分地展现存在的普遍必然性。为了回答这个问题，笛卡尔提出了"清晰和明白"的公式。当然，他借此为下一个世纪的休谟开辟了道路。笛卡尔和休谟所引发的哲学讨论之所以有重大价值，是因为他们都没有一贯地遵循这个公式。人类经验中清晰、明白的因素无疑是高级的感受材料。我们一直在探究这个结论（这些明白的感受因素是生活中比较表面的部分）的原因。

哲学思想史上最令人惊奇的是我们用一种朴素的方法预设了我们与自己的身体是相关联的。我们认为人与其身体的统一是理所当然的。身体的终点和外部世界的起点在何处呢？例如，我的笔是外部的。我的手是身体的一部分；我的指甲也是身体的一部分。此外，当空气通过嘴和咽喉进出肺部时，它也是根据与身体的关系而起伏。身体与外界之间无疑存在非常模糊的区分。事实上，身体只是其他自然对象之一。

然而，"身和心"的统一仍然是构成一个人的表面的复合体。

我们的身体经验是存在的基础。如何来描绘这种经验的特点呢？首先，就"经验"一词的清晰感和明白感而言，它不是一种感受材料的经验。健康身体的内部活动提供给你的感受材料极少，这些材料主要是与身体相联系。当这些感受材料出现时，我们就得去看医生，因为这多半意味着有了病痛。但是，我们对于身体统一性的感受是一种基本经验。这种经验是如此理所当然地惯常和完整，以至于我们很少提及它。从来没有谁说我和我的身体在这里。

这种关系的内在性是什么呢？身体是我们情感的、意向的经验的基础。身体决定了我们对清晰的感受材料发生反应的模式，决定了我们享有感受材料这一事实。但是，眼睛疲劳并不是视觉。我们用双眼观看，但我们看不到自己的眼睛。

人体是自然界的一部分，有了它，人类经验的每一瞬间都密切配合。在身体现实存在和人类经验之间存在着要素的流出与流入，因此每一个要素都分享其他要素的存在。人体让我们能够最密切地体验到自然界中现实事物的相互作用。

日常语言、生理学和心理学提供了三方面的证据：身体是自然界的一部分；身体为情感和感受活动提供了基础；人类经验的变化会逐渐影响身体机能。

身体是自然界中这样的一个部分，它的各项机能非常协调，因此相应的人类经验的种种波动也相互协调。波动的各种类型之间存在着转化。

只要从被动、瞬间的物质存在的角度来设想自然界，那么按照牛顿和德谟克利特的观点来看，困难就会出现。因为，瞬间的物质和经验的波动之间存在着本质的区别。但是，我们已经推翻了这种物质的概念。

关于活动和转化形式的各种类比概念适用于人类经验和人体。因此，身体机能和经验形式可以依据彼此来得到解释。此外，身体是自然界的一部分。因此，我们最终是根据直接经验中所揭示的活动类型来把握世界的。

6. 我们不能曲解这个结论。这种关于被动物质的错误概念由于一种反应而歪曲地解释了人类经验。我们一直依据其生动的偶然因素而非其存在的本质来描述人性，这种对于本质的描述同样适用于胎儿、婴儿、睡着的人，以及意识几乎无法触及的广阔背景之中。清晰的、有意识的区分是人类存在中的一个偶然因素。区分使我们称其为人，但并不是我们存在的原因；区分虽涉及我们人性的本质，但只是我们存在的一个偶然因素。

我们的基本经验是我们有意识地分析质化细节的基础，并赋予这种分析以意义。问题是这些基本经验是什么呢？在分析细节时，我们预设了提供意义的背景，背景中这些生动的偶然因素突出了既有的某些事物。我们需要描述经验中的必然因素，这个因素不会成为人们主要谈论的内容。我们用不着专门提到必然。因此，语言是很不适合阐明形而上学的。

我们接受现实事物时是在实现价值（善或恶）。这是一种价值经验，其基本表述是——注意，这里有重要的事情！因为意识中最初的模糊认识揭示了重要的事情。

这种经验激发了模糊的或者说几乎是下意识的关注。在"一些重要的事情"中，注意力产生了三重特征。"整体性""外在性"和"内在性"即是"重要的事情"的基本特征。这些特征并不是清晰的分析概念。经验随着这些预先做出的模糊假定而苏醒，并引导着细节分析，不断提高清晰的程度。从表达经验所显露的那种明显性的意义来说，它们是一些预先作出的预设。存在着实际事实的整体性、诸多事实的外在性、属于整体的各个体验的内在性。

这三个类别存在于同一层面。在任何意义上都没有哪一个是优先于其他几个的。整体事实自身包含了自我的事实和他者的事实。同时，事实（或现实事物）的模糊意义对于自我、他者、整体而言都是极其重要的。

7. 当然，这些词汇都太具体了，过分明显地指涉经验的高级阶段。鉴于此，哲学类似于用到想象力的艺术，暗示着命题本身之外的意义。整体而言，复杂的词汇铭刻着更为原始的意义。

同样，随着揭示过程的展开，事实将自身视为历史转化中的阶段。重要性发现其自身是情感的转化。我的重要性就是我现在的情感价值，在其自身中体现为从整体和其他事实的推导，也体现为与未来创造性的关联。

这些具体体现既统合了体验自我过程中的众多事实，又通过与自我的多样关联而区分了这些事实。有些事实与直接自我有着如此密切的关系，以至于两者之间可以认为存在密切的统一性。这样，"自我同一的持久个体存在"这个概念就产生了，主张一个人有许多存在的阶段。但是，一切经验的基础是体验在当下的阶段，即现在的自我。同时，在体验中揭示出来的那些外部事实，也以同样的模式更加模糊地、稍纵即逝地将自身结合起来。

但是，重要感并不只是关系到自我体验。正是这种模糊感将自身区分为对整体、杂多、自我的揭示。他者的重要性融入了自我的重要性中。现实事物是一种对重要性的自我接受。但是，这种自我接受具有将他者的自我接受融入宇宙整体性中的特征。其中最明显的例证是，当我们实现现实事物时，我们会把现实事物视为刚刚过去的自我，并将自我感受与我们直接的当下融合起来。这只是一个生动的例子，表明一切个别现实事物中都在宇宙中具有统一性。

这种描述的要点在于将现实事物视作承载着重要性的概念，因为对它的自我感受包含了对他者的接受以及向未来的转化。

于是，性质的区分进入了经验完成的过程。质的多样性是无限的。因此，每一种描述都要受到无意识预设的某种特质的限定。

最低级的现实事物只有模糊的性质规定。而人类经验拥有清晰、明白的特性。两者之间存在着种种阶段，人类经验尚未触及的阶段更是无数。毫无疑问，如果我们相信自己对于各种人类经验的记忆，那么，质的区分会无限提升经验的强度。重要感是用来分析体验到的特性的。这样说似乎不过分。但实际上并非如此；更准确地说，这样说是过分简单化了。一项经验的内在重要性需要极为清晰地分析其中的各个因素，看起来确实是这样的。此处"内在的重要性"指的是"自为的重要性"。

但是，上面的阐述的重点在于：我们是在区分一个经验中的世界。这个世界是质化区分的对象。文明需要我们从性质规定的角度来理解这个给定的世界。

8. 这种理论完全颠覆了休谟的观点以及从他的理论中引申出来的各类观点。休谟将性质规定放在首位，而将世界作为第二位的推测引进来。应当指出，我们的阐述只不过是扩展了一种见解，"力量"（power）乃是"实体"（substance）概念的基础。洛克和柏拉图的著作中都谈到了"力量"概念，但是他们只做了简略表述，从未阐发。我们的经验始于一种力量感，进而区分各类个体事物及其特质。

另一个推论是现实性（actuality）在本质上是构成（composition）。力量是构成的推动力。其他一切类型的构成都是达到现实事物的中间阶段。最终的现实事物是力量的统一。力量的本质在于为其自身而趋向审美价值。一切力量都是从构成的事实中衍生出来的，它的价值只来源于自身。其他的事实是不存在的。力量和重要性是这一事实的两个方面。这一事实构成了宇宙的驱动力，是保持生存力的动力因，也是在生物中保持创造欲望的目的因。

外在性的意义依赖于构成过程的基本自我分析。这种分析揭示了构成的诸因素，以及因素的自我接受，并将这种接受贡献给包含这些因素的即时构成。

这些因素分为两类，第一类因素在历史过程中为新的创造构成历史环境，是新构成中的因素，而新构成的完成也是这些因素之一。这是对经验的基本陈述。如果哲学词典中没有独立的单词来表述这种经验，那这种辞典就太不足了。

9. 本质上讲，第二类因素只有一个例证。它向我们揭示了历史性事实的总体，相对于这个总体内在的统一性的内在价值感。宇宙中存在着统一体，拥有价值并（通过其内在性）分享价值。

试想，原始森林中一块孤立的空地上有一朵花，我们以其细腻之美为例。从来没有任何动物能够具有享受其完整之美的精妙体验。但是，这种美仍然是宇宙中的一个重要事实。当我们审视自然界，思考动物对这些奇迹的享受是何其短促和肤浅时，当我们意识到每一朵花的细胞和颤动是多么难以享受整体的效果时，在我们的意识中关于细节相对于整体的价值感就会明晰起来。这就是对圣洁，对神圣之物的直觉，是一切宗教的基础。在一切向前发展的文明中，这种神圣感都得到了有力的表达。随着文明的每一阶段开始衰退，神圣感会在经验中逐渐隐遁。

我们现在来讨论笛卡尔的"完满"（perfection）概念的另一种解释。在这种解释下，完满是代表着一种力量，将一种趋向某种理想的动力注入每一个时代的过程形式，促使这种理想的实现。这种理想从未实现，也不可能实现，但仍然在塑造着实现的形式。

例如，美国宪法中笼统地描绘出了关于人的自由、行动和合作的理想。这种理想从未得到完满实现。由于没有描绘出对人性开放的多样可能性的特征，这部宪法是有限且不完满的。然而，即便如此，这样一部宪法仍隐约地揭示了这个时代中一种趋向理想的能力的内蕴，空泛的过程借此变成了光辉的历史。

在这个讨论中，我们支持一个论题，即外部实在的意义（就是说，现实世界中的现实事物的意义）是由审美意义所赋予的。这种经验要求超越任一经验境遇的有限的、直接的联系。如果这种重要性没有被有意识地辨明，那便是一大不幸。这种理论适用于所有经验，不拘大小。我们关于正当性的直觉揭示了事物本性中的一种绝对性，"一块方糖"的滋味就具有这种绝对性。

我们薄弱的想象力是不能触及重要性的种种变化的。但是，任何经验因素中，审美的重要性都具有超出其直接当下之外的存在证明。自我拥有一种超出其本身范围的重要性。

动物意识，以及随后人类意识的产生都是特殊化的胜利。这与清晰明白的感性经验之演进密切相关。从大量模糊的原始感受中得出的抽象以及对于少数质化细节的清晰关注，这些都是感受材料。

除非物理学和生理学是无稽之谈，否则动物身体内外错综复杂的反应流就会包含作为视、听等感官在内的质化经验。在对外部世界的模糊个人感觉中，这些经验全都潜藏于意识之下，庞大而模糊，以至于"对外部世界的个人经验"简直成了一种无意义的傲慢。我可以举一个简单的例子。例如，"我看见一个蓝色斑点在那儿"。这句话包含了私人性，即"我"；也包含了外在性，即"在那儿"。这里预设了"我"和外部世界的存在。但是，意识都集中在那个位置上的蓝色这个性质。没有什么能比这更简单或更抽象了。但是，抽象过程中被排除的事物依然很值得玩味——除非物理学家和生理学家是在胡言乱语。

接下来，我们的行为就与科学家所说的一样了，而不是首先去关注斑点的蓝色属性。我们也许想保持或者变更这种经验。但不容改变的是行动是受身体支配的。我们没有触及蓝色的特质，而是改变了在其环境下蓝色的事物与各种活动之间的关系。

如果我们仅仅意识到质化的形式关系，那就是审美的失败，承认了一个干瘪的事实：关系是可能的。实在感就是效用感，而效用感就是驱使欲望得到满足的推动力。自在的过去在当下得到了满足。

10. 在它的本性中，事实包含了某种非事实的东西，尽管非事实的部分进入了事实中已经实现的某个部分。这是事实的概念方面。但是，这种哲学传统太抽象了。在现实事物中没有这样的"单纯概念"。概念总是承载着情感，即以希望、恐惧、仇恨、欲望，或分析的意志来表现的。欲望的质化变异是无穷的。但是，离开了作为其情感源头的情感衍生，"单纯概念"或"单纯实现"的概念就是虚妄的。休谟要不是将问题过于简单化，设想出了与经验中其他因素没有本质联系的一种原初的、空泛的感觉印象（sense-impression）事件，他本来就可以得出我在这里主张的理论。所幸的是，在后来的论证中，他常常忘记这些明确的前提。因此，我们可以用许多方法来分析他的含义。但是，在他反对其他思想模式的时候，他是严格按照这些前提的推论来评判的。

通过这一系列的演讲，我得出的结论是对抽象过程加以适当调整是重要的。将现实事物中高等种类和低等种类区分开来的那些经验特征，全都倚赖于抽象。通过存在中固有的抽象，生命胚胎与无生命的物理活动得以区分开来。通过抽象和对抽象的使用，高等动物与单纯的生物区分开来。通过对抽象的突出，人类与动物区分开来。通过"冷酷抽象"（chill abstraction）从审美内容中分离出来，人类的堕落时代与进步时代区分了开来。

意识的发展就是抽象的上升，就是关注点的发展。通过选择关注某些细节，整体的特征得以表达。这种选择需要注意力、接受、行动和目的，这一切都与其本身有关。这种集合激发了一种自我实现的能量，走出了与实现的推动力相统一的一步，这种推动力揭示了在历史进程中目标的统一性。

但是，这种能量提升是有预设的：抽象之所以得以保持，是因为它与产生它的具体价值实现感之间有着充分的关联。由此，抽象的效用促进了整个经验的生动性和深刻性，激发了内在的深刻力量。

因此，进化的本质在于有效地运用抽象。但是，这并不是必然会发生的。抽象可以在经验中发生作用，把经验从整体的关联中剥离出来。在这种情况下，抽象的经验是对兴趣的一种动摇，会不断地破坏兴趣存在的广泛基础。

值得指出的是，抽象活动中总会存在一种延续性的本能，目标是延续现有的关系，与抽象背道而驰。这种逆转过程，一部分是本能的，一部分是有意识的，恰恰是高等生命的一种智慧。抽象之所以可能，正是由于这种智慧。

例如，在感受经验的意识中，我们首先注意到细节，然后环顾四周，注意视觉和听觉环境。我们力图在意识中引入富有意义的单位，诸如整幅画，整个建筑物，有生命的动物、岩石、山、树。

这些生动的意识经验是向具体事物的回复。我们可能会误解这种回复，因为抽象可能会误导我们，偏离作为出发点的复杂实在。但是，在意识背后昏暗的深处，存在抽象背后的真实感。对过程的感觉始终存在。从具体的价值经验整体中产生的抽象过程指向了它的起源。

11. 但是，作为至高的经验生动性，意识并不会满足于隐在面纱之后，充当无声的重要性感觉。下一个步骤就是探求自身意识领域内的本质联系。这便是理性化（rationalization）的过程。这个过程是发现表面上处于孤立状态的抽象细节之间存在的本质联系。于是，理性化就是抽象的反过程，正如抽象可以在意识领域内反转一样。

我们的力量是有限的。因此，尽管在这个反转过程中不一定会产生超出我们自身的东西，但它仍然局限于偶然性呈现给我们的环境之中，这种呈现是通过即时的意识领域。因此，理性化是理想的部分实现，旨在揭示抽象分离中的具体实在。

分离是这样一种呈现，它是有限的意识区分所付出的代价。具体的实际是个体经验过程的出发点，也是意识理性化的目标。达到目标的成果，便是通过意识和理性达到经验的升华。

第三章

自然界与生命

第七讲　无生命的自然界

　　哲学是好奇（wonder）的产物。努力从整体上描绘周围的世界，这是一部人类思维的浪漫传奇。准确的论述看似极其容易、明显，但我们总是失之交臂。我们继承了传统的理论：我们能够探查旧时代的疏忽、迷信、轻率的概括。我们明白自己在说什么，然而一旦涉及知识细节，便又迟疑不定。"细节"这个词是整个困难的关键所在。谁都不能含糊地谈论整体的"自然界"。我们必须着眼于自然界中的细节，讨论细节的本质及其相互联系的类型。周围世界是复杂的，由细节组成。我们必须确定细节的基本类型，借此来表达对自然界的理解。我们必须分析、抽象、理解这些抽象概念的自然地位。初看之下，我们能够按照清晰鲜明的类别划分在自然界中所发现的各类事物及其特征。每个时代都在努力寻找恰当的分类模式，由它展开各个专门学问的研究。而每一个后起的时代都发现前人的基本分类并不适用。于是，一切把这些分类作为坚实的出发点，对自然法则进行的表述便都染上了怀疑的色彩。哲学便是要破解这个困难。

第一步，我们必须定义"自然界"一词。本书中，自然界指的是根据清晰、明白的感受经验（视觉、听觉、触觉）所解释的世界。显然，这样一种解释对于人类理解是至为重要的。最后这几章要谈的问题是这种解释能带我们走多远？

例如，我们可以将自然界理解为是由永恒之物所构成的，这些永恒之物即是在空间中移动的大量物质（没有它们，空间变成了真空）。这种自然观与日常观察有着表面上的一致性。例如，空间中存在椅子、桌子、岩石、海洋、动物、植物、行星、太阳。一栋房屋、一个农场、一只动物具有持久的自我同一性，这是社会交往的一个预设。一切法学文献都以它为基础。因此，我们将一个物质看作被动的事实，一个在一瞬、一秒、一小时、一年内都相同的个体现实。这样一种有形的、个体的现实，支撑了物质本身的各类性质规定，如形状、运动、颜色、气味等。自然界的事件就存在于这些由性质规定的变化中，尤其是运动的变化。这样来看，物质之间纯粹是空间关系。因此，运动之所以重要，是由于它改变了物质唯一的关联模式。人类由此出发来讨论这些空间关系，发明了几何学。我们可将空间的几何学特征看作是这样一种模式，即自然界将确定的关系加于一切物质之上，而空间中除了物质外别无其他。我们将空间本身看作是永恒不变、永远同质的东西。这样，我们就对自然界的特征做了一个直接的描绘。这些特征与常识一致，并且在我们存在的每一个瞬间都可以得到验证。我们在同一把椅子上，在同一栋房屋内，用同一个身体坐上几小时。空间关系确定了房子的大小、颜色、声音和气味有延续的部分，也有变化的部分。动物性的躯体与无机性的家具的运动确定了变化的主要事实。在自然界这个一般概念之内，更深刻的"生命"和"精神"概念总会进一步交织。

我力图概略地指出这个关于宇宙的一般常识性概念，这个概念大约在 16 世纪初即公元 1500 年左右，在欧洲的一些进步思想家中形成。概念中的一部分是继承了古希腊和中世纪的思想，一部分是根据在任何时候都可在周围世界中确证的直接观察材料。这个概念支撑了一种预设，提供了各类词语，所有进一步的问题都可从中找到答案。在这些问题中，最根本和最明显的是那些关于运动的规律、生命的意义、精神的意义，以及物质、生命和精神之间相互关系的问题。当我们考察 16 世纪、17 世纪的伟人所采用的方法时，我们发现，他们都预设了这种关于宇宙的一般常识概念，并力图运用它所提供的词汇来回答所有问题。

我认为，毫无疑问，这个一般概念表达了关于周围世界的广泛的、普遍的真理。唯一的问题是，这些真理到底有多么基本。换言之，我们必须要问，哪些宇宙的宏观特征不能通过这些词汇来表达，我们还必须要问，除了这些词汇以外，我们能否找到其他一些概念，既能解释这种常识观念的重要性，又能解释尝试观念所忽略的一些相关特征。

当我们审视 17 世纪至今的科学思想发展时，会发现两个奇特的事实。第一，自然科学的发展已经逐渐抛弃了常识观念的所有单一特征。我们再也不认为这种观念中有什么特征能用来解释整个宇宙了。这种显而易见的常识观念已经被彻底摧毁了。它的组成部分一个个地被抛下了神坛。

第二个特征同样突出。这个常识概念在人类日常生活中依然占据至高无上的地位。它支配着市场、运动场、法院，实际上支配着人类的一切交往。这个概念在文学中也是至高无上的，为一切人文学科所采纳。于是，对自然的研究是科学，对人文的研究是预设，两者的对立便形成了。当人们试图去做某种调和时，往往会采取某种神秘主义。不过，总体来说，这种调和是不存在的。

的确，即使当我们将注意力仅限于自然科学时，也从来没有哪一门学科会把调和所有自然科学领域的预设作为基础。每一门科学都将自身限定于某一局部的证据，并根据这一局部所提出的概念来建立理论。由于人类的能力有限，这种做法是必要的。但是，我们必须时刻铭记其危险性。例如，在过去一百年里，大学日益加强系科划分。这对于行政管理是必要的，但却容易使教授们的精神活动繁琐化。于是，两种思维模式就是并立的，两者的关系不过是修修补补罢了。

　　两种不同观点各自的预设会不时发生交织。每一门专门科学都不得不接受其他科学的成果。例如，物理学是生物学的预设。一门学科从另一门学科接受来的成果往往要滞后三四十年。我年轻时盛行的物理学预设依然对今天的生理学家发挥着重大影响。实话说，我们根本用不着谈生理学家。即便是物理学家本身，他们也往往囿于过去物理学研究的窠臼，虽然在细节上有一些异议。

　　为了理解现代思想中这种零星的新旧交织现象，我要重提旧的常识理论中的主要原则，这种理论直至今天依然在日常生活中随处可见，因为在某种意义上，它是正确的。在空间中存在大量保持自身同一性的物质。没有它们，空间就是真空。每块物质都占据一片明确的有限区域。每一个这样的物质粒子都有其各自的性质规定，如形状、运动、质量、颜色和气味。这些规定有的变化，有的不变。各块物质间的本质关系是纯粹的空间关系。空间本身是永恒不变的，总是包含在内部把各个物质关联起来的能力。几何学是研究这种将关系加之于物质的能力。物质的运动包含了空间关系的变化。除此以外，别无其他。物质所包含的不外乎是空间性，以及对性质规定的被动接受。物质可以并且必须拥有性质。但是，性质规定是一种自在的空泛事实。这是自然界作为自足、无意义的事实复合体的重要理论。这就是自然科学独立论（autonomy），是我在这几讲中所否定的理论。

现代思想的状况是这个总体理论中的每一个观点都遭到了否定，但是这个理论整体得出的普遍结论却顽强地保留了下来。结果就是让科学思想、哲学宇宙论和认识论完全陷于混乱。然而，如果没有以这种观点作为隐含预设，任何理论都会被斥为具有不合理性。

最先被抛弃的是有关我们在感性知觉中区别开来的那些性质规定，即颜色、声音、气味等。光与声的传递理论引入了次级（secondary）性质理论。颜色和声音不再存在于自然界中，而是感知者对于身体内部运动的心理反应。这样，自然界中的物质就只能通过质量、空间关系，以及这些关系的变化来规定了。

次级性质的丧失极大地限制了自然界。因为次级性质对感知者的功能价值被归结为单纯的刺激动因。同样，由此引发的心理刺激也不再是自然界的初级要素。颜色与声音成为心理反应的次级（secondary）要素。但是，这里还有一个奇怪的事实，即这些次级要素是由于空间性而发生关系的，而空间性是自然界最主要的基质（substratum）。我认为，休谟是根据次级性质的认知理论，明确指出认知中这种混杂性的第一个哲学家。诚然，当洛克把颜色看作是自然界事物的次级性质时，他已经隐约触及了这种混杂性。我认为，任何忠于事实的宇宙论都应当承认感性知觉是人为的。换言之，当我们感知红玫瑰的时候，我们就将从一个来源获得的关于红的感受，与从另一个来源获得的对空间区域的感受联系在了一起。我所得出的结论：在解释事物本性上，感性知觉的所有实际价值是非常肤浅的。感性知觉中固有的欺骗性（即虚妄性）特征支持了这个结论。我们看到的星体其实许多年前就已经消失了，镜子里或折射出来的不真实的像、重影、吸毒后的视觉感官，这些都是例子。我不同意当代认识论的地方在于，后者只强调感性知觉，原因是它认为感性知觉提供了关于自然界的材料。事实上，感性知觉并不向我们提供可以进行解释的材料。

纯粹的感性知觉不提供解释它自身的材料，这个结论是休谟哲学一个伟大创见。休谟的《人性论》之所以成为之后一切哲学的不可辩驳的基础，原因就在此处。

常识理论中还有一项，是关于"空无一物"（empty）的空间和运动的。首先，光和声的传递表明，空无一物的空间就是我们无法直接感知到的活动所发生的舞台。为了解释这个结论，人们假想出了隐秘的物质，也就是不能直接感知到的以太。其次，这个结论以及日常宏观物质的行为，都向我们表明：通过某种方式，物质运动是以物质实体彼此的空间关系为条件的。在这点上，牛顿进行了伟大的综合，成就了两个多世纪以来科学的基础。牛顿运动定律提出了一个宏大的架构，嵌入了关于物体运动内部联系的详细规律。他还在万有引力定律中提出了一个具体的定律，即引力大小取决于距离远近。

牛顿的物理学方法是一个无与伦比的成就。但是，他引入的力让自然界成为静止的东西，没有意义，也没有价值。在物质实体的本质中（质量、运动和形状）没有说明引力定律的原因。即使可以将具体的力设想为宇宙的偶然因素，用牛顿的质量和运动概念也无法说明物质实体为什么应该由相互的应力（stress）联系起来。然而，牛顿自然观的一个基本因素就是应力，它表达了物体之间的本质联系。牛顿留给经验研究的东西是现存特殊应力的测定。在这种测定中，他把引力定律所揭示的各种应力分离开来，创建了一个杰出的起点。但是，他并没有说明究竟为什么在事物本性中会存在应力。因此，物体之间随意的应力，连同物体的空间、质量、运动初态一道，被用来解释物体的随意运动。通过引入应力概念（特别是引力定律）来替代繁杂错乱的运动变换，他为自然界带来了伟大的秩序。然而，他也使体系的所有因素（尤其是质量和应力）处于了完全分离的状态，没有任何共存的原因。于是，他阐明了一个伟大的哲学真理，即无生命的自然界不能提供任何原因。所有终极原因都以价值为目标。一个无生命的自然界不以任何事物为目标。生命的本质就是为其自身而存在，以价值的内在结果而存在。

因此，对信奉牛顿学说的人而言，自然界不产生也不能产生原因。将牛顿与休谟的理论结合起来，我们就得到了一个空泛的概念：一个没有任何材料来解释自身的感知领域，一个不能说明各个要素为何会共存的系统。自康德以来的近代哲学所面临的即是这种情形，他们用了各种方法去理解它。我自己的看法是这种情形是一种归谬法（reductio ad absurdum），不应作为哲学的基础。康德是第一位以这种方法把牛顿和休谟结合起来的哲学家。他同时接受了双方，三大批判的目标就是理解牛顿－休谟体系。不过，牛顿－休谟体系是所有现代哲学思想的基本预设。任何深入它内部的哲学探究都被斥为不可理喻。

在这几讲中，我的主要目的是扼要地指出，无论是牛顿还是休谟，他们的贡献都有着严重的缺陷。就其本身而言，两人都是正确的。但是，他们忽略了宇宙是体验的对象，忽略了我们的体验方式，而这两者会共同引发更深刻的理解模式。在华盛顿特区的近况中，牛顿－休谟的思想模式只能辨识出感受材料的复杂转变和分子的连带运动，而对于整个世界最深刻的直觉却能够辨识出美国总统正在翻开人类历史的新篇章。于是，牛顿－休谟的解释忽视了直觉的理解模式。

我现在要进一步谈现代科学在质疑基本常识概念的其他方面上所产生的影响。在 16 世纪，科学正是以此为起点出发的。不过，在今天的物理学中，牛顿理论的某些片断顽强地保留了下来。其结果就是，现代物理学成了对着一个不可理解的宇宙吟唱的神秘咒语。这种咒语的价值与先后盛行于古代美索不达米亚和欧洲的古老巫术仪式完全一样。保存至今的文献中最早的一个片段是巴比伦占星术士呈递给国王的一份奏章，陈述他通过观测星象推算出了将牛群放归原野的吉日。根据流行的科学哲学，科学在现代生活中的定位正是这种基于观察、理论和实践的神秘关系。

现代科学舍弃了空无一物的空间这一概念，即空间纯粹是空间关系的媒介。现在，人们认为整个空间宇宙即是一个力场，换句话说，是一个不停活动的场。物理学的数学公式表现了这种活动中所实现的各类数学关系。

这样做的一个意外结果是，科学界抛弃了作为物理性质的自我同一载体的物质概念。最初，物质的概念在整个 19 世纪得到了拓展。人们将空无一物的空间设想为充满着以太。这种以太与原来常识概念中的普通物质并无本质区别，它具有胶状物的特性，即连续性、内聚性、柔韧性、惯性。因而，常识中的普通物质仅相当于以太中的某些特殊纠缠，即结节（knots）。整个空间中这些纠缠相对稀少，在胶状的以太中施加压力和张力。同样，普通物质的振动也通过以太传递作为压力和张力的振动。通过这种方式，光、电、热、能等各个理论便统合在了一起，形成了一门关于以太的科学。在整个19世纪，有一群杰出的法国、德国、荷兰、斯堪的纳维亚诸国、英国和意大利的物理学家和数学家，循序渐进地详尽阐述了这种理论。当然，这里要讲的重点并不是他们成果的细节和个人贡献。

最终结果是常识分析中认为普通物质应该具有的几种活动方式，而以太与其中任意一种都不同。如果以太理论是正确的，那么，我们对物质的普通观念就是由某种平均观察结果中衍生出来的了，而这些结果掩盖了以太的真实本质。在当今物理学中达到顶峰的革命仅仅是将19世纪科学的这种倾向推进了一步。我们得到的启示是人类根据感性知觉获得的广泛普遍性是极其肤浅的。我们理解世界的不懈努力使我们偏离了所有这些明显的概念。物质就是能量，而能量只是一种纯粹的活动；我们已经放弃了由自我同一的、持存的物质构成的被动基底这一概念，不再认为它是宇宙的本原了。很明显，这种概念虽然表现了一个重要的派生事实，但已不再是理论的预设基础。现代观点通过能量、活动、时空的振动微分方程来表达。任何局部的振动都会动摇整个宇宙。距离的作用虽小，但却存在。物质的概念预设了位置是单纯的。每块物质都是独立自足的，处于一个被动静止的空间关系网中，纠缠于一个无限的、永恒的统一关系体之中。但是，在现代概念中，所谓的物质缠绕已经融入了环境中。独立自足的局部存在是不可能的。环境包含了一切事物的本性。在有整个处于振动的自然界中，当变化的环境产生振动时，某些因素可能保持稳定。但是，这种稳定仅是一种一般的、平均的状态；椅子、岩石、植物能够持续几天、几个世纪、几百万年，都是因为这一点。因此，在这种平均事实中，时间是持存的，而变化则只是细节。当代物理学中的基本事实是，具有各种特性的环境渗入了我们称之为物质的振动群中，而这些振动群又把自身的特性扩散至环境中。事实上，在局部场域内独立自足的物质粒子概念只是一种抽象。抽象只不过是忽略了部分真实。那么，只要忽略掉的这部分真实不会影响它得出的结论，抽象就是合理的。

由当代物理学理论出发进行的推广演绎，推翻了许多将物理学应用于其他学科（如生理学，甚至物理学本身）时所得出的结论。例如，当发生论者把基因设想为遗传的决定因素时，情况就是如此。发生论者在拿旧的物质概念做类比时，往往会忽视基因赖以发挥作用的独特动物机体所产生的影响。他们假定，无论其环境有什么变化，某种物质在一切方面均会保持自身同一。从现代物理学的角度看，任何特征都可能会也可能不会影响基因的变化。这些变化虽然在某些方面不重要，但在另一些方面是重要的。因此，就性状的遗传而言，仅从基因理论是不可能推导出先验结论的。实际上，生理学家们最近已发现，基因在某些方面会被环境所改变。即使我们已经不再用一种旧的、常识性的预设来作为本原，它依然会顽强地存在。

现代对"时空"这个术语的运用证明，旧理论的残片确实会延续后世。空间及其几何概念与物质体及空间中简单的位置是完全相容的。于是，物质就被设想为自足于它所占据区域的简单位置。物质就在那儿，在那个区域的那个地方；在描述这块物质时，我们不需要谈论其他空间区域的活动。空无一物的空间是物体间被动几何关系的基质。这些关系是独立、静止的事实，不会产生本质上必然的后果。例如，牛顿引力定律表达了与物质空间关系相连的运动变化。但是，引力定律不是把牛顿的质量概念、占据空间的概念与欧氏几何加在一起这么简单。这些概念无论是孤立存在或相互结合，都不能给引力定律提供丝毫保证。无论是阿基米德或伽利略，都不能通过冥思苦想这些概念而产生引力定律的灵感。根据此理论，空间是自然世界无所不在的大量被动关系的基质。空间制约着一切动态关系，但又不需要这些关系。

与之迥然不同的是，新观点的基本概念是活动和过程。自然界是可以分割的，有广延的。但是，任何分割都会纳入某些活动，排除另一些活动，把超出一切界限之外的过程模式分割开来。数学公式表明了这种模式的逻辑完整性，而界限又破坏了这种完整性。例如，一半的波就只能表明一般的情况。独立自足的概念在现代物理学中是没有的。在有限区域内不存在本质上独立自足的活动。被动占据区域的各基质之间的被动几何关系已经被取消了。自然界是各种活动的相互关系的剧场。一切事物、活动以及活动之间的相互关系都是变化的。空间概念中的相互关系是被动的、系统的、几何式的，因而完全不适用于这个新概念。有一种流行的说法，讲新物理学已把一切物理学的定律简约为几何学命题，这是极其荒谬的。恰恰相反，这个理论用过程形式的概念替代了亚里士多德的形式序列，因而消灭了空间和物质，代之以对复杂活动状态内部关系的研究。在某种意义上，这种复杂状态是统一体，整个宇宙构成了一个物理活动的整体，直至最遥远的星团。在另一种意义上，这种复杂状态可以分割为各个部分。我们可以专门研究一组选定的活动，探究其内部的相互关系，忽略其他活动。运用这种抽象，我们就无法解释那些受已经被忽略的外部系统变化之影响的内部活动。此外，我们也不能在本原的意义上理解剩余的活动。因为这些活动依赖于一种相对不变的、有秩序的环境。

　　在关于自然界的所有讨论中，我们必须谨记尺度的差异，特别是时间间隔的差异。我们往往以人体可观察的运行模式为准设定绝对的尺度。把观察结论拓展到限定观察量值的尺度以外，这是极其轻率的。例如，一秒钟内没有明显变化，这并不能说明一千年内也会没有变化。同样，一千年内没有明显变化，丝毫不能说明亿万年内也会没有变化。我们可以继续往上扩大，直至无穷。绝对的尺度是不存在的。对于任何一个级数而言，它与前一个级数相比都是绝对的大，而与后一个级数相比都是绝对的小。

　　其次，所有专门学科都预设了事物的某些基本模式。在这里，我采用的是"事物"（thing）一词的最一般意义。它可以包括活动、颜色和其他感受材料，价值也包含在内。在这种意义上，事物就是我们所能谈及的任何东西。一门科学只能研究众多事物中的某一类有限的事物。因此，第一，类型是多样的；第二，在任何规定条件下，呈现出的类别都是确定的。例如，"这是绿色的"是特殊命题；而"所有事物都是绿色的"是一般命题。这就是传统亚氏逻辑关注的对象。在任何学科的开创阶段，这种探究都无疑是必不可少的。但是，任何一门学科都要试图超越这个阶段。遗憾的是，亚氏逻辑统治了之后两千多年的哲学思想，人们都试图把各类专门学科结合成为一门哲学宇宙论，以此来解释宇宙。由于不自觉地把亚里士多德的形式当作是唯一的表达模式，所有这些企图都落空了。哲学的弊端在于急于把自己用"某些 S 是 P"或"所有 S 都是 P"这样的形式表达出来。

回到专门学科的话题。第三步是力求量化。这个阶段的典型问题是"S 中包含 P 的成分有多大"和"有多少个 S 是 P"。换言之，引入了数、量和度。如果不加甄别地看待这些数量概念，便可能会像过度信任亚里士多德的命题形式那样误入歧途。

科学发展的第四阶段是引入"模式"（pattern）概念。如果忽视了它，我们对自然界的理解就会极其肤浅。例如，假定有一团碳原子和氧原子，假定两者的数目已知，但只有决定了模式问题，才能知晓混合物的性质。有多少游离的氧？有多少游离的碳？有多少一氧化碳？有多少二氧化碳？在假定氧和碳元素各自数量恒定的前提下，上述问题的回答会互相产生影响。但是，即使考虑到这种相互规定，由适量碳和适量氧组成的混合物仍然有许多可能的其他模式。即使我们规定只考虑化学模式，规定了混合物的范围，规定了区域内化学物质的分布，这片区域的模式仍然有无穷多种。因此，除了有关量的一切问题外，还存在对了解自然界所必不可少的模式问题。如果没有一个预设的模式，量就没有任何规定作用。实际上，数量本身不过是函数在类似模式下的类比。

这个例子（假定只有化学意义上的混合，只有化学反应，排除了容器内部其他区域的其他物质）还表明，模式概念中包含了多种结合方式的概念。这显然是一个基本概念，是我们只要从各种类型的基本事物概念出发，便应当立刻想到的。这些基本概念的危险在于，我们对它们的运用总是不自觉的。每当我们问自己一个问题，便会经常发觉，自己用到了某些有关的实体类型和这些实体的结合模式，甚至可能就是广为流传的通说。我们所注意的是模式的细节、测量和比例量。因此，自然规律仅仅是普遍的行为模式，我们不会去注意行为模式的改变或者不再发挥作用。其次，任何一门学科的主题都是从丰富、具体的自然界事件中得出的一种抽象。被忽略的因素会隐于保留的因素中。但是，任何抽象都忽略了这一点。因此，如果局限于某一门学科的抽象，当我们考虑特殊模式与被忽略的宇宙要素之间可能的关联时，该模式就会细化为无限多种模式中的一个次要模式。即使在专门学科的范畴内，我们也可发现它不能解释的各种作用。但是，如果我们考虑到这里所说的模式存在着更广泛、多样的联系，那这些作用就可以得到解释。

多位当今科学界领军人物激烈地否定了我提出的一些看法。在我看来，他们的态度乃是无根据的信仰的可悲例子。他们坚持自然科学是独立自足的，而该信念的基础是一种已经被废弃的自然观。一想到这里，我就更坚信自己的判断了。

最后，还有一个尚未讨论的基本问题：在理解宇宙的过程时，我们要依赖哪些最根本的初级类型？假定我们同意科学探索所发现的自然界仅仅是活动和过程，这意味着什么？它们融入了彼此。它们产生了，然后消失了。正在发生什么？受到什么影响？借用一位大哲学家的话，这些不可能只是乘法表那样的公式，一种关于范畴的毫无生气的舞蹈。自然界充满生气，不断产生着实在事实。我们应当把科学研究的物理属性看作是宇宙的实在事实之间的更稳定的相互关系的一种复合。

本讲只谈一种抽象之下的自然界，这种抽象避开了一切有关生命的部分。这种抽象产生了动力学、物理学和化学，带领我们从 16 世纪的常识概念逐渐过渡到当代理论物理学的自然观。

这场思想大转变延续了四个世纪，它的一端是作为本原概念的空间与物质，一端是过程。这里的过程是一种具有各种因素内部关系的活动的复合体。旧的观点把变化抽象掉了，设想自然界在瞬间的完整现实；它把时间的延续也抽象掉了，仅通过物质在空间中的共时分布来表达自然界内部关系的特点。按照这种牛顿式的观点，我们省略了相邻时刻的分布变化。但是，如果这个旧观点成立，这种变化显然与物质宇宙此时此刻的本质事实无关。运动以及相对分布的变化是偶然的，而不是本质的。

持存（endurance）同样是偶然的。按照这种观点，不管自然界在任何另一瞬间是否存在，甚至也不管是否存在另一瞬间，自然界在某一瞬间都是真实的。笛卡尔就接受了这种结论，因为他把持存解释为每一瞬间的不断重建。他与伽利略和牛顿共同奠定了牛顿式的自然观。于是，在他看来，应当在瞬间而不是持存中来观测事实。在他看来，持存不过是瞬间事实的连续。笛卡尔的宇宙论的其他一些方面更侧重运动。他关于广延和旋涡说就是一例。但事实上，他通过预测得出了与牛顿式观念相适应的结论。

　　在牛顿宇宙论中存在一个致命的矛盾：只承认一种空间占据的模式，即某物质在某非持存的瞬间占有某区域。这种空间占据是终极的实在事实，与其他任何瞬间、物质、空间区域都无关。如果我们现在采用牛顿的理论，那么请问，某一瞬间的速度是什么？再问，某一瞬间的动量是什么？这些都是牛顿物理学的根本概念，但在牛顿的宇宙论中找不到意义。速度和动量需要这样的概念：在任何一个选定的瞬间，某物体的空间占据特征都必然涉及其他时间、其他位置的其他物体的状态。但是，牛顿宇宙论不容许变更这种占据关系。因此，这种宇宙论就必然是前后矛盾的。即使微积分这种精妙的数学手段也无法克服这种困难。我们当然可以用数学名词来表示存在争论之处。牛顿理论的占据概念与某一选定点的函数值相对应。但是，牛顿物理学只是规定了函数在那一点要有极限。牛顿宇宙论并没有说明，为什么再明白不过的事实（也就是该点的值）要用一个参照其他时间和位置的相对值（也就是极限）来取代。

从现代观点看，过程、活动、变化都是事实。任取一个瞬间，那里什么都没有。瞬间仅仅是一种把事实结合起来的方式。因此，既然没有被设想为简单、基本实体的瞬间，就没有某一瞬间的自然界了。于是，按其本质而言，事实的所有相互关系都一定包含了转化。所有实现都包含了创生进程（creative advance）的启示。

这一讲只是绪论，为回答最根本的问题做准备：我们如何把内容加入纯粹的活动概念之中？活动是为了什么？活动产生了什么？活动包含了什么？

下一讲的主题是生命的概念，从而更具体地来考察自然界，不会这样抽象了。

第八讲　有生命的自然界

正如前几讲中所讲的，"生命的地位"是一个当下的哲学与科学问题，更是所有体系化思想（人文学科、自然科学、哲学）的交汇点。我们尚不能确定生命的真正意义。我们理解生命时，也应理解它在世界中的地位。然而，生命的本质和地位同样令人困惑。

毕竟，我们之前脱离生命来谈自然，得到的结论也差不多。我们只剩下了一种没有主动性的活动。这样来看，这种活动并没有揭示其自身连贯的基础是什么，只有一种连续相继的公式，但缺乏为这种公式提供理由的可理解的因果关系。当然，使自己完全满足于一种对终极问题非理性的状态总是可能的。流行的实证主义哲学就是如此。

这种实证主义的弱点是我们全盘接受了在现阶段文明中所获得的孤立的、碎片化的解释方法。假定十万年前我们的祖先已经是睿智的实证主义者，那么他们就不会去探究理由，所观察到的就只会是纯粹事实。发展没有了必要，他们不会探究掩藏于直接观察之下的理由，文明也不会发展。我们详细观察世界的种种能力就会一直处于休眠状态。因为原因的特性就在于，由它产生的结果所历经的智力发展会超出之前观察到的结果。观察的扩大要基于对合理联系的某种模糊理解。例如，对于花卉上昆虫的观察暗示着昆虫和花的本性之间有某种协调，从而产生大量观察，于是发展出了一整个学科分支。但一个坚定的实证主义者势必满足于观察到的事实，即昆虫会采花。这是一个迷人的、简单的事实。按照实证主义者的理论，不需要进一步探究了。现在，科学界受到了糊涂的实证主义的激烈攻击。实证主义对它自己的学说招之即来，挥之即去。关于自然界中生命的整个理论都受到了这种实证主义的毒害。有人告诉我们，物理学和化学公式中存在常规，而在自然界的过程中也是如此。

这种话之所以有说服力，源于欧洲思想中逐渐发展起来的精神自然二元论。在近代发端之际，笛卡尔明确表述了这种二元论。在他看来，具有空间关系的物质实体以及精神实体都是存在的。精神实体外在于物质实体。任何一种实体都不需要另外一种来完善其本质。两者之间未加解释的相互关系对各自的存在是多余的。事实上，这种用精神和物质来表述问题的方法是失败的，因为它忽略了较低等的生命形式，如植物和低等动物。这些形式的顶点是人类的精神，而底部则是无机界。

自然界和生命的泾渭分明损害了所有随后发展起来的哲学。在大多数近代思想派别中，哪怕有些人抛弃了两种实在并存的立场，二者仍然没有实现真正的融合。在某些派别来看，自然界仅是纯粹的表象，而精神是唯一的实在。在另一些派别看来，物质自然界是唯一实在，而精神是从物质派生出来的。在此，"纯粹表象"和"派生现象"显然表明两者对于理解事物的终极性质无关紧要。

我主张：只有将物质自然界和生命融合在一起，作为"真正实在的"（really real）合成体中的根本要素时，我们才能理解两者；而这些事物的相互联系以及各自的特征构成了宇宙。

论证的第一步是形成生命意义的概念。此外，我们还要把生命与物质自然界的概念融合起来，弥补对后者理解的缺陷。另一方面，我们还要求生命概念必须包含物质自然界的概念。

我先提出一个最初步的表述，生命概念蕴含着自我感受的某种绝对性。这必然意味着某种直接的个体性，是把多种材料纳入存在统一体的过程。这些材料通过自然界的物理过程呈现为相关关系。生命蕴含着从这种纳入过程中产生的绝对的、个体的自我感受。我在一本新著中用"摄入"一词来表示这种纳入过程。我还把每一种直接感受的个体行为称作一种"体验事态"（occasion of experience）。我认为这些存在统一体，即体验事态，是真正实在的事物，它们以统一体的模式构成了进化的宇宙，使其永远处于创生进程中。

但是，这些是对论证的引论。作为一种初步的表述，我们已经把生命看作是蕴含着某一纳入过程的绝对且个体的自我感受。宇宙的先前活动提供了需纳入的材料。因此，就其直接的自我感受来说，体验事态是绝对的，不需参照任何别的共存情境就可以理解体验事态是如何处理其材料的。因此，这种事态只以其内部过程为参照，它的存在不需要任何其他共时过程。实际上，这种在自我调节（self-adjustment）内在过程中的相互依存，就是"同时性"（contemporaneousness）的定义。

这一自我感受的概念并没有充分表达在此被称为"生命"过程的那个方面。由于其可理解性，过程包含了创造活动的概念，创造是每个事态内在本质中的东西。这是引出宇宙中现实存在一切要素的过程，而在这一过程之前，这些因素仅是以未实现的潜在方式存在。自我创造的过程是由潜在转化为实在的过程，而这种转化的事实则包含了自我感受的直接性。

因此，在设想生命在一种体验事态中的功能时，我们必须区分开来以下三方面：先在（antecedent）世界呈现的现实材料，促使这些材料融合为新经验统一体的非现实的潜在可能性，以及通过创造融合潜在材料的直接自我感受。这就是创生过程理论。生命属于宇宙的本质，延伸到遥远未来。即使是在没有持续性的瞬间，如果将自然界看作是一种静止的事实，那也是荒谬的。没有转化就不存在自然界，而没有时间的持续性就不存在转化。这就是为什么将某一瞬间的时间概念看作是一种基础的、简单的事实是荒谬的。

　　但是，至此我们依然没有穷尽对于理解自然界极其重要的创造概念。我们在描绘生命时还必须添加一种特征："目的"（aim）。此处"目的"的意思是排除其他无限多的潜在可能性，加入一种确定的新要素，这种新要素构成了将材料融入统一过程中的选择模式。"目的"就是要达到以那种方式感受材料的复杂经验。"那种感受方式"是从无限多的其他方法中选出来的，是为了在那个过程中实现。

　　因此，生命的特征包括绝对的自我感受、创造活动和目的。在此，目的显然包含了接受纯粹的理想，由它来指导创造过程。感受同样也属于过程，但它不是任何一种静止结果的特征。目的就是要达到属于这种过程的感受。

　　这里马上就产生了一个问题。按照这样的阐释，自然界中的生命是否符合我们对自然界的观察呢？所有的哲学力图获得一种对于事物观察的前后一贯的理解。因此，哲学发展为两个方向：一个要求条理清晰的前后一贯，另一个则是阐明所观察的事物。

我们的首要任务便是将关于自然界中生命的上述学说与直接观察相比较。

　　毫无疑问，在我们的意识经验中，最为显著的观察来自于感性知觉。大体来说，我们有视觉、听觉、味觉、嗅觉、触觉这几种主要感官。但是，各种不确定的、模糊的身体感觉构成了感觉的背景，它们会不时闪现，凸显出来。感性知觉的特性在于其二重性，即部分与身体相关，部分与身体无关。视觉与身体的无关最为明显。当我们观看景色、图画、一辆驶来的汽车时，它们就如一种外在呈现，感受到精神愉悦或紧张。只要打开眼帘，它们就存在。不过，在沉思时，我们将眼睛所见部分的底层经验抽取出来。在知觉的瞬间，我们通常没有清楚地意识到这一点。身体的关联隐去了，而视觉呈现则变得突出。在其他感觉模式中，身体的地位则较为突出。在这方面，不同模式之间差异很大。在任何关于从感性知觉中获得信息的理论中，都应牢记二重关联，即外在的关联和身体的关联。现行哲学理论大都源于休谟，由于忽视了身体的关联，所以是有缺陷的。弊端在于从一种自以为明确的知觉模式中推导出一种明晰的理论。其实，我们的感性知觉是一种极其模糊，使人迷惑的体验。同时，有充分证据表明，只运用明显的外部关联来揭示宇宙奥秘的做法是非常肤浅的。这一点很重要。比如说，从功用上来说，铺路石是坚硬的、固态的、静止的、不可移动的事实。这是感性知觉凭其明晰方面所揭示的。但是，如果自然科学是正确的话，这种解释对于我们称之为铺路石的那个宇宙的部分就是非常肤浅的。近代自然科学是持续了三个多世纪的共同努力，旨在理解自然界的活动。正是由于这些活动，我们的感性知觉才会发生变化。

现在，我们得出了两个清晰的结论。一个是感性知觉忽略了对自然界中各类基本活动的差异辨别。例如，通过观看或者踩在上面所感知到的铺路石，与物理学家所描述的铺路石的分子活动之间的差异。第二个是科学未能赋予它对活动的公式化描述任何意义。关于自然界的公式背离了自然界的表象，因而失去了解释性。它甚至让我们没有理由根据过去来期望未来。事实上，如果认为科学仅依赖感性知觉，而没有别的观察来源，那么它就不可能达到宣称的自足性。

科学在自然界中找不到个体感受，找不到目的，也找不到创造性。科学所发现的仅仅是一些连续的规则。对于自然科学而言，这些缺陷是真实存在的，是自然科学方法中固有的。自然科学的这种盲区，是由于这种科学仅仅研究了人类经验所提供的一半证据。科学把人类经验这件无缝的外衣裁开了。更恰当地说，科学只检查了外面的衣服，而忽略了根本的身体。

在欧洲思想中，造成这种盲区的原因在于笛卡尔确立的身心二元论带来的巨大分裂。从一种意义上而言，抽象是一种巧妙的、恰当的方法，因为它首先考虑最简单的事物，这种方法大约延续了十代人。现在，这些最简单的事物成了我们理解自然界的普遍习惯，控制着我们所能观察到的最遥远、最模糊的宇宙领域。这些自然规律中没有一个能为必然性提供丝毫证明。这些规律是过程的模式，的确在我们的观察范围内占支配地位。我指的是这些事实：有维度的宇宙广延、三维空间、空间几何定律、物理事件的终极公式等。这些行为模式中的任何一个都没有必然性。它们作为平均的、规定的条件而存在，因为大多数现实事物都是根据相互关联的模式来彼此影响的，而这种模式恰好表现了物理法则。新的自我表达模式可能会占据一席之地，我们现在对此还无法断定。但是，根据种种类比来判断，目前的定律在长时段后会逐渐失去意义。新的兴趣会起主导作用。依据我们当前的理解，空间－物理时代会遁入过去的背景之中，模糊地制约一切事物，而不能决定明显的、突出的关系。

当下通行的宏大法则是无机界的一般物理规律。在一定的观察范围内，这些规律具有普遍性，不会受到干扰。恒星形成、行星运动、地质变化，似乎都伴随着一种巨大推动力，排除了任何有关能够引发变化的其他力量的线索。在这个限度内，科学所依靠的感性知觉表明，自然界是没有目的的。

但是，如果说人类的一般观察（感性知觉仅仅是一个部分）不能揭示目的，那是不正确的。恰恰相反，对人类社会活动的一切解释都把"目的"作为一个本质性因素。例如，在有间接证据的刑事案件庭审中，证明动机是一个主要的起诉依据。在这样的案件中，被告是否会接受这样一种理论：目的并不能驱使身体运动，因盗窃行为而起诉盗窃，就如因太阳升起而起诉太阳。其次，任何一个政治家，如果不对其他国家、这些国家政界的爱国情怀有一个估计（不论是有意还是无意），那他就不能处理国际关系。连一条迷途之犬都可能会努力寻找主人或回家的路。事实上，我们"直接地"意识到我们的目的在"指引"我们的行动。没有这种指引，任何学说都不可能践行。果真如此，精神上接受的观念对于身体活动就不会产生影响。因此，发生的事情与观念的接受毫无关系。

精神活动并不是自然界的一部分，这个预设完全主导了科学思维，完全撇开了一切先在的精神因素。而人们通常认为精神因素对指导宇宙运行是有效力的。如果我们意识到其中的局限性，那么这种方法是可以的。这些局限性既显而易见，又没有明确界定。哲学的希望就在于逐渐引出这些局限性的定义来。

我要强调几点。第一，在我们的根本性观察中，精神和自然界的截然分割是没有根据的。我们自身即生活于自然界中。第二，我的结论是，我们应当把精神看作是自然界的一个构成要素。第三，我们应当抵制自然过程只是空转这一观念。每一个因素的出现都会产生影响，这种区别只能依据这个因素的特殊性质来表达。第四，我们现在的任务是界定自然界的各类因素，以便了解精神存在如何限定其后的自然过程。

自然界的存在大致可以分为六种类型。第一种是人的存在，包括身体和精神。第二种包括各种动物生命，即昆虫、脊椎动物等。基本上就是人类以外的所有动物。第三种包括一切植物生命。第四种由单细胞生物构成。第五种是各类宏观无机物体，它们的体积大小类似或胜于动物。第六种是极其微小的物质，是通过现代物理学的显微分析发现的。

自然界的所有功能活动相互影响，相互依赖，相互引导。上述分类并未经过科学的考量，而是有意进行粗略的划分。严密的科学分类对于科学方法极为重要，但对于哲学反而危险。严密的分类遮蔽了一个真相，即自然界存在的不同模式彼此影响。这些模式包括：由细胞组织集中指导的动物生命、具有有机细胞群的植物生命、具有有机分子群的细胞生命、被动接受空间关系必然性的宏观无机分子组织，以及丧失了宏观无机物被动接受影响的一切痕迹的次分子活动。

通过这样的考察，我们得出了一些主要结论。第一个结论是关于不同组织模式所产生的不同功能性活动模式。第二个结论是关于这些不同模式的连续性。临界情况将不同的模式连接起来，这往往是不稳定的、转瞬即逝的。但是，存在的时间跨度仅是相对于人类生命的惯例而言。对于次分子而言，一秒钟也是一个很长的时期。第三个结论是，随着观察范围的改变，我们会观察到自然界不同的方面。每一种观察范围都为我们呈现了相应于这一范围的平均结果。

　　另一个问题又产生了：我们怎样观察自然界呢？还有，怎样正确地去分析观察结果？常见的回答是，我们通过感觉来感知自然界。在分析感性知觉时，我们往往偏重于最清晰的方面，即视觉。视觉在进化中是最晚出现的，它属于高等动物，即脊椎动物和较为高等的昆虫。很多生命没有视觉，但是，它们的一切迹象都表明能够适应自身的环境。人很容易失去视觉，闭上双眼抑或不幸失明。仅依靠视觉所提供的信息尤为空泛无用，即限于显露有颜色的外部区域。颜色的转化、区域的选择、色彩呈现的相互适应，这些都不是必然的。任意瞬间的视觉只提供一种被动的事实：不同的区域有各种颜色。要是我们有记忆力，我们就会观察到颜色的变化。但是，纯粹的有色区域不存在任何关于本质的信息，即能够理解这种变化内部活动的线索。但正是通过此类经验，我们才能得到被动物质实体的空间分布概念。因而，自然界就被描绘为由各块没有内在价值，在空间中来来往往的空洞物质所构成。

不过，这种经验随之而来有两个问题，使我们怀疑是否应该全盘接受经验的表象，认定这种经验直接地揭示了事物的形而上学本质。首先，即使在视觉经验中，我们也会发觉身体的干预。我们清楚地知道自己在用眼睛看东西，这是一种模糊但极其重要的感受。其次，所有重大实验都证明，我们看见什么，看见它在哪里，这都完全取决于身体的生理机能。任何使身体以特定方式发挥内在机能的方法，都会提供一种特定的视觉感知。身体对视觉材料近处的自然界事件毫不在意。

所有其他感觉模式同样如此，有过之而无不及。一切感性知觉都不过是感性经验依赖于身体活动的一种结果。因此，如果我们想了解个人经验与自然界活动之间的关系，正确的办法是考察个人经验对于个人身体的依赖。

现在谈一谈我们对个人的身体和精神关系有哪些最可靠的观念。首先，我们要求统一。人的个体是整全的：身体和精神。这种统一体的主张是一个基本事实，我们总是将其作为预设，很少明确阐述出来。我在经验着，而我的身体是属于我的。其次，身体机能运转具有广泛的影响，不仅限于产生感性经验。我们发觉自己因内部脏器（心、肺、肠、肾等）良好运行其各项机能而健康地感受生命。这种情感之所以产生，是因为这些器官并不提供任何与自身直接相关的感性材料。哪怕就视觉而言，我们能够使用视觉也是因为我们没有视觉疲劳。同样，我们只感受生活的一般状态，是因为我们没有肚子痛。但我坚信，对于健康的感受，无论好坏，都是一种积极的感觉，只是偶尔与特别的感性材料相关。比方说，即使看到了一幅糟糕的画作，或一栋粗陋的建筑，你仍然可以感受眼睛的轻松运转。这种由身体派生的情感带来的直接感受是基本经验之一。我们有各类情感，但是每种都至少会受到身体派生的调整。详细分析身体机能活动的模式是生理学家的事。就哲学而言，一个最基本的事实是整个心理经验的复合体或者派生于身体机能，或者接受它的调整。我们的基本感觉也是这种派生于身体的感觉，这种派生关系产生了身体和精神统一的主张。

但是，我们的直接经验也主张另一个来源的派生，并同样主张以其为基础的统一性：紧邻当下有意识经验之前的自身精神状态。四分之一秒之前，我们怀有某些观念，感受到某种情绪，在对外部事实有某些观察。现在，我们的精神状态继续着先前的状态。"继续"（continue）这个词说得还不够完全。在某种意义上而言，它太不充分了；在另一种意义上而言，它又夸大了。之所以说它不充分，是因为我们不仅仅在继续，而且与之前的状态有绝对的同一性。正是处于这种精神状态中的完全同一的自我，理所当然地成为了四分之一秒后当下经验的基础。在另一种意义上，"继续"一词又夸大了。原因在于我们并不是完全继续着先前的经验状态，一些新的因素已经介入。新因素都是由身体机能的运行带来的。我们把这些新因素与四分之一秒前的精神状态所提供的基本经验材料融合在了一起。同时，如前所述，我们主张它与身体是同一的。因此，我们当下的经验表明，它的本性有两个派生来源，即身体和先前的经验活动。同时，我们主张与这两个来源中的每一个都具有同一性。身体是我的，先前的经验也是我的。再者，承载身体和经验之流的唯有一个自我。于是，我们就具有了建立自身存在全部活动所需的最基本信念。当我们存在时，身体和心灵是生命不可或缺的因素。每个因素都具有此刻自身的全部实在性。但是，无论身体或心灵，都不可能一上来就给出清晰的、可观察的定义。但是，身体与自然界中其他部分的界限是模糊的。通过对身体的了解，我们将它置于与自然界事件的复杂统一之中。身体包含了亿万分子的协同活动，分子永远在以无数种方式获得又失去，这是它的结构本质。当我们从微观角度来考虑这个问题时，身体的起点和外部世界的终点之间就不存在明显的界限。而且，哪怕四肢全都失去了，我们仍然可以宣称身体是同一的。在断掉的肢体中，细胞的生命活动也是慢慢减弱的。事实上，与分子的内部振动周期相比，肢体在脱离身体后的很长一段时期内还是活着的。即使没有发生这种不幸，身体也是需要环境来生存的。因此，身体和环境就是一个统一体，正如身体和心灵统一于一个人一样。

　　但是，在设想个人统一性时，我们往往强调心灵而非身体。个体就是由心灵调和的个人经验之流，是你我的生命线。它是一种自我实现的连续，每一事态都有对过去的直接记忆和对未来的展望。这种对持续自我同一性的要求，就是我们对个人同一性的自我肯定。

　　不过，当我们探究心灵这个概念时，就会发觉它比我们给身体做的界定更加含糊。首先，心灵的连续性（就其与意识相关而言）必须跨越时间。我们要睡觉，也可能会昏迷。但是，恢复意识之后还是同一个人。我们信任记忆，并将信任建立在自然界活动的连续性，尤其是身体连续性的基础上。于是，普遍的自然和个别的身体都为个人心灵的持续提供了素材。还有，在心灵存在的相继事态中会产生一种奇异的、各不相同的生动感。我们对外部事件做出敏锐的观察，延展自己的生命；接着，我们对外部的关注逐渐消失，我们陷入深思；在生动的呈现中，深思逐渐减弱，于是我们打盹做梦，随着整个意识流的流逝而入睡。心灵的这些功能活动是多样的、可变的、不连续的。对心灵统一性的主张与对身体统一性、身体和心灵的统一性、身体与外部自然界的统一性的主张是类似的。哲学思辨的任务就是思考宇宙所发生的一切事件，让物理科学的图景变得可以理解，并将这幅图景与代表基本事实的直接信念结合起来。一切认识论都必须建立在这些信念基础上。18世纪、19世纪认识论的缺点在于，它将自身纯粹建立在对感性知觉的狭隘表述基础上。同时，在各种感觉形式中，视觉经验被确定为范例。这样做结果就是，它必然会排除构成我们经验的全部真正的基本因素。

在这种认识论中，我们远离了复杂材料，而哲学思辨是一定在一个体系内对这些材料进行解释，以此来理解它们的。让我们探究一下身体和心灵、身体和自然界、心灵和自然界这几种统一体，或探究一下身体存在的相继事态，或者心灵存在。这些基本的相互联系都有一个显著的特点。我们要问的是外部世界对于构成心灵的经验之流有什么作用。于是，被体验的世界就是这些经验的基本事实。相应于个人心灵存在的一切情感、目的、感受，都不外是心灵对这个作为心灵存在基础的被体验的世界的反应。

因此，在一定意义上，被体验的世界是组成心灵本质的诸多因素构架中的一个复合因素。我们可以这样简单来说：在某种意义上而言，世界存在于心灵中。

但是，还存在一种与这条基本真理相反的理论：我们对世界的经验中包含了心灵自身的展现，而心灵是世界的一个构成部分。于是，经验事态与被体验的世界之间关系存在两个方向。在一种意义上，世界被包含在这个事态之中；在另一种意义上，这个事态被包含在世界之中。例如，我在这个房间内，而这个房间是我当下现在经验中的一项。但是，我现在的经验正是现在的我。

然而，这种使人不解的相反关系扩展到了我们之前讨论的一切关系上。试考虑心灵的持续自我同一性。心灵无非是从我出生到此刻体验过的相继事态。所以，在这一瞬间，我就是体现了所有这些事态的完整个人。这些经验事态都是属于我的。另一方面，同样可以说，我此刻的直接经验事态仅是构成我的心灵事态之流中的一个。其次，于我而言，世界无非是我身体的各种机能如何呈现于我的经验面前。于是，世界就完全是在身体机能的活动中心展开的。关于世界的知识无非是对于这些功能活动的分析。但是，另一方面，身体不过是整个宇宙的大社会中的一个小社会（society）。我们要根据身体的社会来解释世界，也要根据世界的一般活动来解释身体的社会。

因此，正如我们经验的基本本质所揭示的那样，事物的集合性（togetherness）包含了某种相互内在性的理论。在某种意义上，世界现实事物的这种共同体（community）意味着，每一事件都是另一事件的本质中的一个因素。毕竟，这是我们能够理解日常概念的唯一方法。我们关于因果关系的概念就是一例。一个事件如何能够成为另一事件的原因呢？首先，任一事件都不能说是另一事件的全部的、唯一的原因。一个新事态是之前整个世界的产物，但是某一事态对于一个后续事态的形成起到了重要的限定作用。那么，我们怎样来理解这种限定过程呢？

性质的传递（transfer a quality），这个概念本身是完全不能理解的。假定有两个事件事实上彼此独立，其中之一不需要另一个就能够理解。那么，两者之间的一切因果或限定关系就都不能成立。按照这种假定，我们没有理由说明，具有某种性质的一个事件会影响另一个具有这种或其他某种性质的事件。按照这样一种理论，在这个世界上，性质的相继和相互作用就会变成一种空泛的事实，不能超出直接观察范围而得出关于过去、现在、未来的结论。这样一种实证主义的信念本身完全可以做到前后一贯，只要我们不将对未来的希望或对过去的悔恨包含在内。这样一来，科学便无关紧要了。努力也是愚蠢的，因为它什么也决定不了。唯一可以理解的因果理论建立在内在性的基础之上。每一事态都以先前世界为预设，作为自身本性中的积极因素。正因如此，事件彼此之间具有相互决定性。正因如此，过去的质能（qualitative energies）会结合成为一种当前事态中质能的模式。这就是因果理论。正因如此，因果关系属于每个事态的本性，那是它"所在的地方"。正因如此，性质会从一种事态传递到另一种事态。正因如此，自然规律具有相对稳定性，一些规律的适用范围大，而另一些规律的适用范围小。正因如此，如前所述，当我们直接理解周围世界时，就会发现依据观察材料主张双重统一性这种奇特的习惯：我们存在于世界中，而世界存在于我们中。我们的直接事态存在于形成心灵的事态集合中，而我们的心灵又在我们的当下事态中。身体是我们的，我们又是身体内的一种活动。这种观察事实虽然模糊，但是必然的，是世界连续性的基础，也是各类秩序相互传递的基础。

在考察观察材料，将其作为哲学宇宙论的必要基础时，我们便将自然科学的结论和主导人类社会活动的惯常信念结合起来了。这些信念同样引导着文学、艺术和宗教中的人道主义。除非是作为思维中一种抽象的远端，否则纯粹的存在从未进入人的意识之中。笛卡尔的"cogito ergo sum"被错译成"我思故我在"。我们意识到的绝不是空泛的思维或空泛的存在。我发现自己实质上是情感、感受、希望、恐惧、遗憾，以及对各种选择的评估和决定的统一体。所有这些主观反应都活跃在我的本性中。我的统一体（即笛卡尔的"我在"）就是我将杂乱的材料塑造成前后一致的感受模式的过程。个体感受就是我作为一种自然活动，将环境的各种活动塑造成了一种新的创造物，即此刻的自我；然而，作为我的自我，是先前世界的延续。如果强调环境的作用，这个过程便是因果关系。如果强调我的主动感受的直接模式的作用，这个过程便是自我创造。如果强调对未来的概念预测（未来的存在必然存在于当下现在的本性中）的作用，这个过程便是以未来的某种理想为目标的目的论中的目的。然而，这种目的实际上并没有超越当下的过程。因为未来的目的乃是当下的一种感受，因而实际上限定了新创造物的直接自我创造。

现在，我们可以再一次提出上一讲末尾讨论的那个问题。自然科学将自然界归结为活动，并且发现了在自然界的这些活动中蕴含的抽象数学公式。但是，根本问题仍然存在：我们怎样给空泛的活动概念加入内容？只有将生命和自然界融合起来，我们才能回答这个问题。

首先，我们必须区分生命和精神。精神涉及概念经验，它只是生命中一个易变的成分。这里所说的"概念经验"是一种机能活动，指的是思考完全实现状态下的可能性，而不考虑是否可能实现的问题。概念经验的最明显例子就是思考各种选择。生命在精神之下。生命就是源于过去、指向未来的情感感受。这种指向的特征是这种感受、思考的本质。

情感以两种模式超越现在，既承前，又启后。我们时时时刻刻摄入情感，感受情感，并将其传递下去。按照基督教贵格会对事态（occasion）一词的解释，每一种事态都是一项有意义的活动，是超越性和内在性的会合。虽然按其现在的功能来说，这些事物是这些事态的关系中的因素，但是事态通过感受和目的，与按其本质处于事态之外的事物建立了意义。因此，尽管每一事态都参与自身直接的自我实现，但同样与宇宙相关。

这个过程永远是一种不断修正的过程，因为存在无数的供给渠道和无数的性质构成。情感的统一体——现在也是事态的统一体——是一种模式化的性质构成，总是在进入未来时不断变化。创造活动旨在存留构成成分并维持强度。模式的修正，从排除到消失，都必须遵从这个目标。

只要概念性的精神不介入，遍布于环境的各类重要模式就会将继承而来的调整模式传递下去。在此，我们发现了物理学家和化学家研究的那些活动模式。在所有被如此研究的事态中，精神都只是潜在的。在无机界中，就我们的识别能力而言，任何不时出现的闪光都是无力的。最低级的精神受到继承来的物理模式支配，包含了无意识的理想目标所强调的隐约方向。高级生命展现出不同的精神力量。在动物的社会习性中，有证据表明过去的精神闪光已退化为身体习性。最后，在更高级的哺乳动物——特别是人类中——有清晰的证据表明，我们的精神性是有力的、普遍的。在我们的经验中，我们会有意识地接受知识并将其体系化。从直接观察来看，这必然意味着我们拥有这种高级的精神性。

作为概念活动对象的性质就如同化学中的催化剂。这些性质不断修正审美的过程，用许多从过去得来的感觉之流构成自身。我们没有必要假定概念带来了可测量到的新能量来源。当然，这也是可能的；因为能量守恒定律并不是依据详尽彻底的测量得出的。但是，我们主要还是将精神的运转设想为能量流的转向。

这几讲中，我们没有谈及系统的形而上学宇宙论，而是要指出我们的经验中借以构建宇宙论的那些因素。作为这种构建出发点的关键概念，物理学所研究的能量活动就是生命中所采纳的情感强度。

哲学始于好奇。即便哲学已经竭尽它的所能，怀疑依然会存在。但是，我们对事物的无限性有了更多认识，也通过理解净化了情感。但是，这些反思中仍存在一种危险。人们往往用一种被动感受的蜕化形式来设想直接的善。存在是一种不断融入未来的活动。哲学的目的就是按照活动的超验作用来洞察活动的盲区。

第四章
结语

第九讲　哲学的目的

只要理性思维以及文明的理解模式能够对创造未来产生影响，大学的任务便是创造未来。未来充满着成就和悲剧的一切可能性。

在这个创造性活动的舞台上，哲学的特殊功能是什么呢？

为了回答这个问题，我们首先必须确定任何一种具体的哲学学说是由什么构成的。什么学说算得上哲学学说呢？即使完全理解了它的关系的全部无限性，也没有一种真理比其他真理更能成为哲学真理。哲学追求的是一种否定全知的工作。

哲学是心灵的一种态度，对象是被无知地接受的各种理论。所谓"无知地接受"，我是指没有理解理论的全部意义，任何理论都牵涉无限的相关情况与环境。哲学的态度是坚定不移地加深对我们当前思想中一切概念应用范围的理解。哲学试图将每一个字句纳入思维的语言表述中去，并探究"它是什么意思"。哲学从不满足于每一个开明人士都会回答的惯常预设。如果满足于初始概念和初始命题，那你就不是哲学家。

当然，为了进行揭示，你必须从某处开始。但是，当哲学家从他的前提出发来进行论证时，是把这些前提的每个单词、每个短语都视为进一步探索的论题。没有一个哲学家会满足于与开明人士取得一致，不管这些人是他的同事还是之前的自己。他总是在突破有限性的界限。

科学家也致力于拓宽知识领域。他以一组初始概念和这些观念的初始关系为出发点，以此确定自身学科的范围。例如，牛顿力学肯定了欧几里得空间、有质量的物质、运动、张力、压力以及更一般的力的概念为预设，还有运动定律以及后来加入的其他概念。科学就是在预设这些观念成立的条件下推导结论。

在对待牛顿力学上，科学家与哲学家背道而驰。科学家要探究结论，设法观察这些结论在宇宙中的实现。哲学家则要根据遍布世间的混乱特征来探究这些观念的意义。

显然，科学家和哲学家可以相互帮助。因为科学家往往需要新观念，而哲学家也能通过研究科学结论而获得各种启发。他们交流的通常模式就是分享当下的主流文明思想。

有一种不断在扼杀哲学思想的固执预设。这种信念是如此自然而然，以至于人类有意识地接受了一切适用于它的经验的根本观点。而且，它以为人类语言可以通过单词或短语明确表达这些观点。我把这个预设称为"完美辞典谬误"。

在这里，哲学家与学究分道扬镳。学究借助辞典来探究人类思维和人类成就。他大力弘扬文明思想。如果没有学识，一个人可能是道德的、虔诚的、愉快的。但他不是一个完全文明的人，没有精确表达的能力。

显然，正如需要科学一样，哲学家也需要学识。但科学和学识都只是哲学的辅助工具。

"完美辞典谬误"把哲学家分为两类，即摒弃思辨哲学的"批判学派"和包含了思辨哲学的"思辨学派"。批判学派将自身限定于辞典范围内的语言分析。而思辨学派则推崇直接洞察，力图进一步利用引发了它的事态来揭示这个洞察的意义。这样，它就扩充了辞典。两者的区别就在于，一个追求稳妥，一个追求冒险。

批判学派的优势在于，进化的学说——按照它的根本含义——从来没有进入古代学者的视野。因此就产生了一种预设：人类心灵有固定的规范。这种规范的蓝图就是辞典。

我注意到了哲学史上的两个伟大时刻。苏格拉底终其一生分析当时雅典世界的普适预设，并明确地承认他的哲学是无知之知。他是批判的，也是建设性的。

近30年来，哈佛大学哲学系取得了令人瞩目的成就。乔赛亚·罗伊斯（Josiah Royce）、威廉·詹姆斯（William James）、桑塔亚那（Santayana）、乔治·赫伯特·帕麦尔（George Herbert Palmer）、敏斯特伯格（Münsterberg）构成了一个足堪骄傲的团体。其中，帕麦尔的成就主要集中在文学和教学才华。这是一群人人都杰出的群体，但作为一个整体他们更加伟大。他们乐于冒险思辨、探索新观念。要想成为哲学家，就应当谦虚地以这个群体为榜样去学习。

哲学的用途就是维持一个社会在大问题上的活力，为社会起到启发作用。它使普遍接受的思想不再慢慢堕落为消极的、无力的老生常谈。如果用语言表述的话，它是"神秘的"。因为神秘主义就是直接洞察无法言说的深奥。但是，哲学的目的是把神秘主义理性化：不是通过文采诡辩，而是新颖、合理地用语言来表述它的特征。

哲学近似于诗。两者都力图表达文明的终极良知。两者都关乎超越词汇直接意义的塑造。诗与韵律联合，而哲学则与数学亲密。

自知之明在哪里？要我说，它不在自觉知识已然完成的时刻，而在自认知识尚在参透的过程。

——怀特海